还是广州

南方都市报丛书

陈扬·广州系列

陈扬◎著

南方日报出版社
NANFANG DAILY PRESS
中国·广州

图书在版编目（CIP）数据

还是广州 / 陈扬著. — 广州 ： 南方日报出版社，2014.4
ISBN 978-7-5491-0906-7

Ⅰ. ①还… Ⅱ. ①陈… Ⅲ. ①随笔—作品集—中国—当代 Ⅳ. ①I267.1

中国版本图书馆 CIP 数据核字（2013）第 178964 号

还是广州 陈扬 著

出版发行：南方日报出版社
地　　址：广州市广州大道中 289 号
电　　话：（020）83000503
经　　销：全国新华书店
印　　刷：广州市怡升印刷有限公司
开　　本：787 mm×1092 mm 1/16
印　　张：14.75
字　　数：280 千字
版　　次：2014 年 4 月第 1 版
印　　次：2014 年 4 月第 1 次印刷
定　　价：30.00 元

投稿热线：（020）83000503 读者热线：（020）83000502

网址：http://www.nfdailypress.com/index.html

发现印装质量问题，影响阅读，请与承印厂联系调换

contents

目录

还是广州

contents

还是广州

contents

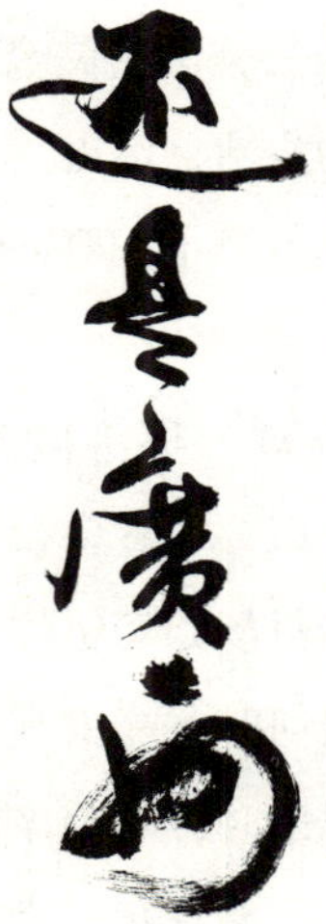

contents

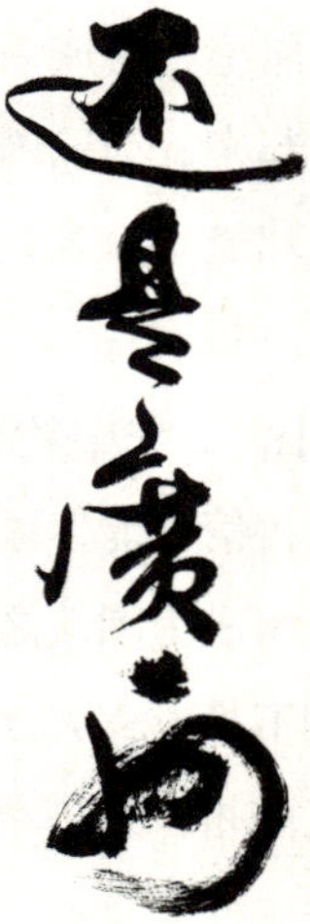

contents

还是广州

自序　若即若离

广东人会生仔不会起名字是天下闻名的。《湿碎广州》《活在广州》之后的这第三本关于广州的书该起个什么书名很是头痕。就如小时候老师嘲笑我不会作文时说的：咬断笔头，望穿瓦背。不过现在写字已经早不用铅笔，住在瓦背平房里写字更是早就成了遥远的往事。

本来，把我在《南方都市报》“早茶”专栏中写的关于广州的评论结集献给我所挚爱的广州，书名用什么样的溢美之词都不过分。无奈这些评论不都是鲜花，这就是难为之处了。想来想去，“还是”二字像一条银光闪闪的小鱼儿跃出沉思的水面。

“还是”，不是实词是虚词。虚词实用，“还是”的意思就是本色广州，坚守广州精神。这是第一重意思。“是”的反义词是“非”，围绕广州的过去、现在和将来，总有绵绵不断的是是非非，还“是”于广州，做条小小的清道夫鱼儿，不求赏心悦目，只求为广州正本清源出零点几两力，正是我写南都早茶的初衷之一。

那就《还是广州》吧。

第一章　沸腾的广州

广州正在日新月异地沸腾，无论什么都沉淀不下来。沸腾的欲望，沸腾的规划，沸腾的租金，沸腾的变化。

沸腾的广州，无法沉淀

这么一条小小的新闻竟然也在本城媒体上掀起波澜。暨南大学一位教授炮轰天河商圈没文化："偌大个商场，竟然买不到一份报纸，买不到书，买不到杂志，如何成为一个优秀的商圈？"

我极少去这个所谓的天河商圈，不是因为这个地头没文化，而是因为堵车和停车难。假如把买不买得到报纸、书、杂志作为有没有文化的标志，那么天河商圈的文化就实在多到满泄啦！大的书店有购书中心，年营业额以亿计，小的有品位的书店有方所，我还在那里做过讲座，至于报纸杂志要买的话，地面上、地铁里头都有报刊亭啦。不知道教授说的天河是不是广州大道以东的那个天河？

我是怀疑媒体误解了教授的意思，因为报道中引用了教授的一句话："亚洲的购物天堂是哪儿？香港。它为什么能成功？文化。"的确，把香港的尖沙咀广东道搬到地球上的任何大城市都会立刻显得不伦不类，倒是把天河商圈整个搬到地球上的任何城市都OK。是不是这就是文化的原因呢？我不懂。因为我也没有文化。

香港著名的购物区油尖旺旺了多少年？没有100年也有几十年了吧？这个天堂不是"打造""创建"出来的，只是一个城市的历史沉淀的结果。而广州天河商圈从菜地到寸土尺金只有短短二十来年的历史。此时此刻奢谈文化还是早了一点点。

其实广州也不是全无文化，教授对广州的上下九、北京路和城隍庙就赞誉有加。说这里有闻名遐迩的骑楼街，有"千年古道遗址"，说这是商业与旅游文化相结合。这其实根本就不是当代广州人的文化功劳，那些卖羊肉串之类的庙会是怎么回事，老广州都知道，就不要人文化的数了。骑楼街、千年古道和城隍庙都是先人留下来的，当代广州人不全部拆掉已经功德无量。照这个逻辑，天河商圈岂不是要绕着体育中心、太古汇，挖几条河涌，种上几亩青菜才算有文化？

其实不玩针尖对麦芒的文字游戏，我们都能大概感觉到这位教授要表达的东西，但是教授自己讲不清楚，媒体也没有报道清楚，我们也领会不清楚。所以我说现在读报真的是一件体力活。一阵天河一阵油尖旺，一阵广州一阵香港一阵东京，把人搞糊涂了。我猜教授想要表达的，是一个超级大城市通过自己的顶级商业区对世界所能产生的城市文化影响力的问题。这既不是博物馆能够完成的任务，也不是一个演唱会能够完成的任务，当然，更不是一个超级商业圈的年营业额或者租金总额能够完成的任务。

假如我没有猜错教授的命题的话，那么，这个历史性的使命是没有办法在短期内，无论是用行政主导或者市场主导的方式来完成了。只有用时间来主导，用一个城市的历史沉淀、文化沉淀和商业沉淀来逐步形成。这个过程东京似乎已经完成了，香港也似乎已经完成，但是广州还远远没有开始，更不要说完成。

因为常识告诉我们，无论是历史沉淀还是文化沉淀或者商业沉淀必须有一个相对静态的环境。广州正在日新月异地沸腾，无论什么都沉淀不下来。沸腾的欲望，沸腾的规划，沸腾的租金，沸腾的变化。因此，我们对广州通过自己的顶级商业区对世界所能产生的城市文化影响力，实在不能抱太大的奢望。就目前的阶段性而言，无论广州的什么商圈，都只能是租金租户和地主业主的关系，和文化没有半毛钱的关系。

当你还在马背上征战的时候，假如非要谈论音乐不可，那么你唯一可能听到的只有某个士兵偷偷吹奏口琴的声音。当然，谁都不能说那不是音乐。

（2012年9月8日）

好东西蹦不出来

广州市17位人大代表根据《代表法》的规定，组织约见以副市长王东为首的19位政府部门负责人。这距离人大关于“加快建设世界文化名城的议案”实施已经一年，有人私下表示，人大代表之所以组织这次“约见”，是对政府实施情况有所不满。挺好的。人大通过的议案政府就必须办，办得不满意，可以约见询问，真有个监督的样子。这是政治文明的进步。

而具体到这次约见的内容，都是关于广州文化建设的问题。报道中，广州市副市长王东透露，广州当时选择“国际商贸中心”和“世界文化名城”作为两大战略方向，民间争议主要集中在后者。很多人质疑“世界文化名城”是否符合广州定位，但也有领导认为这个定位“蹦一蹦够得着”，而且近年来还斥巨资建歌剧院、博物馆。王东认为，市政府发展文化还是有诚意的。仔细咀嚼这段话很有意思。如果“世界文化名城”的议题被彻底否定，则人大通过的议案无意义，如果民间质疑这个“战略方向”，则人大的议案也该同受质疑。市政府主动提出，市人大急切催办，这“世界文化名城”就算是铁板钉钉了！

“世界文化名城”只是一张皮，“世界文化名城”的肉是什么呢？我仔细点数了一下，出现在这篇新闻报道中的广州文化建设项目，洋洋洒洒有17个之多！看着这一串名单，我的心无比纠结。一个声音在惊呼：哇！广州一下子有这么多的文化工程项目要建！另一个声音在嘀咕：嗯，这就是“世界文化名城”？让北京西安巴黎佛罗伦萨情何以堪？

其实广州的“世界文化名城”之“名”的目标诉求是向外的。也就是说，通过一系列的工程希望达到让外人承认并传颂广州作为一个文化城市之“名”——而且是世界级的。比国家级大一点，比宇宙级小一点。如果盖些个

歌剧院博物馆图书馆之类的文化设施就可以成为世界文化名城，未免有点太不把世界人民尤其是世界各国的文化人放在眼里了。

看这条新闻的感觉是人大代表在催办这些文化建设项目。有的做成了胡子项目，有的早已经是烂尾项目，暂时刨去世界文化名城这个巨大的历史性命题，我倒是觉得这些文化项目是既该催——十八道金牌地催，又不该催——慢工出细活。像大小马站书院群复建工程是广州最著名的烂尾工程兼胡子工程，再不着急可能连渣都没有了。这个在大拆大建中几乎被破坏成废墟的书院群的复建工程拖到今天还是一碟斋，绝不是因为慢工出细活，真实的原因何在民众一直不得而知，不知道人大代表知道不知道。而那些属于“蹦一蹦够得着”的文化工程我就劝各位不要勉强去蹦，够得着不等于建得好。文化工程不敢说千秋万代至少也要能撑一百几十年，靠蹦出来的绝对不会是好东西。

也许未来的广州真的可能成为世界文化名城，但绝不可能一蹴而就。这个过程也许是百年，也许是千年。而一届政府的任期只有几年。这才是真正的纠结。

（2012年8月23日）

两个粤剧博物馆？再好不过了！

《南方都市报》报道，荔湾恩宁路今年年底将开建粤剧艺术博物馆。然而就在一河之隔的佛山禅城，广东粤剧博物馆建成已近9年，两家粤剧博物馆相距不过10公里。不知道结果会是较劲还是双赢。

我虽是广州人，但是对粤剧真是不甚了了，惭愧！不过长期来往于广州、佛山两地之间，对于这事倒是可以插得上几句嘴。

首先我们必须搞清楚的是，两个粤剧博物馆的10公里距离到底是怎么回事？这个10公里是从地图上量的直线距离，据我所知，哪怕是直线距离也应该不止10公里，大概15公里。如果自驾车的话，全程20公里左右，按照非繁忙时间也要开50分钟到1小时。其次，地理上的距离并不是太重要，重要的是广州和佛山毕竟还是两个不同的城市，与粤剧的关系渊源也不一样。所以提出10公里有两个粤剧博物馆给人以重复建设的印象是不妥的。不好意思，老广佛人实话实说。

佛山2004年建成广东粤剧博物馆，这是作为粤剧之乡的一种文化自觉。那时候广州还在忙着建设国际大都市，顾不上粤剧。佛山人敢为天下先，也敢为传统先。当时我就拍案叫好！广东粤剧博物馆占地面积约3000平方米，展出明清至当代的粤剧剧本、木鱼书、海报、戏桥、戏服乐器以及早期的粤剧电影、唱片、剧照、名伶书画等藏品3000余件。从今年5月18日世界博物馆日开始实行免费开放，每天约300人次参观，有粤剧表演时，每天超1000人次。我不得不说，对于博物馆来说这是一个相当了不起的成就，也可以从一个侧面让我们看到粤剧在民间的巨大影响力！

广州作为省城，历来（当然不包括近年）是四乡粤剧戏班的向往之地和成名之地。粤剧通过省城广州而传播到省内外各地方，成为岭南文化的重要组成部分。《南方都市报》的报道说：“西关几百年来汇聚粤剧文化精粹和名伶、名家，是粤剧艺术发展的中心。”自今年年初，广州市市长陈建华走访荔湾，将恩宁路列为粤剧艺术博物馆的首选地后，不少粤剧名伶、专家，均力挺粤剧艺博馆落户西关。这也是顺理成章的事情。

依我看来，作为粤剧发源地的佛山和作为粤剧艺术发展中心的广州各有一家粤剧博物馆，这是再顺理成章不过的事情，也是一件再好不过的事情。探粤剧之源去佛山，察粤剧之流到广州，对于粤剧新旧戏迷和对岭南文化的痴迷者，这是多么美好的事情！对于弘扬粤剧文化、扩大粤剧的影响，这更是功在千秋的文化善举。

报道说，即将在恩宁路开建的粤剧艺术博物馆初步估算投资额达到2.63亿元。既然有这么大的投资，我倒是有个想法，能不能把这个博物馆建成一个既有粤剧艺术藏品展示，又有粤剧演出场地的新型博物馆。一般而言，博物馆收藏和展示的都是在现实中脱了水风干了的历史遗迹。但如果在恩宁路的粤剧艺术博物馆里市民可以亲临其境“睇大戏”，这对于粤剧艺术的弘扬一定是一件功德无量的事情，而对于正在为粤剧观众的后继无人而苦苦奋斗的粤剧艺术家，这也应该是一种巨大的鼓励。实际上这也是对粤剧艺术在做一种动态的展示，如此也可与佛山的广东粤剧博物馆实行错位发展，各得其所，相得益彰。

最后不得不说的一句话是，希望广州能够认认真真地建好这个粤剧艺术博物馆。所谓认认真真的意思就是不要指望这个博物馆能够挣大钱，不要打着弘扬粤剧艺术、岭南文化的旗号来搞旅游。如果有旅游收益，那是意外之喜，而非天经地义。众所周知，博物馆的使命是文化保育而不是挣钱。像北京故宫那样人山人海能够挣到盆满钵满的博物馆，世界上也许只有一个。也许未来恩宁路上的粤剧艺术博物馆注定是寂寞的，但是一定有我们这班岭南文化的孝子贤孙的一路同行。

（2012年7月28日）

老城老屋为谁而留

香港有个雷生春。最近看报纸说，香港政府花了近3000万港元扶持这家四层的唐楼，让这家中医馆起死回生。雷生春在香港是响当当的古建筑，建于20世纪30年代，当时就是一间卖跌打药的中药馆。2003年，港府接收雷生春后，开始着手保育活化，如今这里不仅可以供游客参观，还是一个中医诊所，兼卖凉茶。

这篇报道让我不由得想起了恩宁路多宝坊的那间凉茶铺悦庆堂，无数媒体报道过，最后随着无儿无女的梁伯去世，40多年的老字号凉茶铺后继无人，永远结业，喝了一辈子“秘制凉茶”的街坊感叹从此人走茶无。这已经是两年前的事。文化保育的概念近年也在广州逐渐为人所知，但文化保育究竟是什么，却并非人人心知。香港为什么要花巨资保护一栋残旧的唐楼？我们来看促成此事的香港发展局前局长林郑月娥当时是怎么说的，她说：“衡量一个城市的成功，不单是物质、金钱上的价值，还有一个文化的内涵。能够把香港中环有历史、有价值的东西保留下来，恰恰真正显示了特区政府是认真、严肃地处理文化的问题。”这是一个负责城市发展规划的官员，对一座城市所应担当的文化责任。香港政府致力于保护、保存、活化、更新香港的历史文化建筑，目的是“让我们未来的下一代都能享用这些建筑物”。我也认为，管治只是政府责任的一部分，而历史责任和文化责任才是根本。否则，任何一个开发商或别的什么商人都具有相当的功能。

香港和广州一样，除了同声同气的粤语文化，城市里也一样既有贫穷的原住民，也有破败的老城区。为了保护有历史价值的古旧建筑和街区，两地政府都一直在做事。港府的文化保育一直给我的印象，就是出自上面这样一种文

化担当。当然他们也经常被人批评是做show，可能是一家不知一家事。至于贫穷的原住民，内地人所知道的典型，多来自香港电影，如笼屋或劏房。低收入人士也一直是港府的心头痛。香港人看政绩很少讲GDP，讲得最多的是缩小贫富差距。但是没办法，经过几十年发展，香港的均贫是结束了，但均富却变得更遥远。无论如何，我们能看到一座城市在追求平等上的努力。讲回广州。最近，一位专家对越秀老城区发展的建言引起了争议。这位专家建议，要把低端人口挤压出去，还要把低端车给挤出去。这个观点之所以引起争议，是因为这是第一次有人在城市发展探索的视角中，赤裸裸地提出了"高低端人口划分论"，我认为，这是人口优劣论的变种，是一个危险的信号。所幸，这只是一个专家的观点。

无论是香港还是广州都要继续发展，只要发展，就必然要面对老城区和穷人的问题。把穷人赶出去和把老房子拆掉，无疑是最简单的，但也是最粗暴的。因此，每一个城市在自己的发展蓝图上，都必须有一条道德的红线。

（2012年7月16日）

我的童年

据说——只能是据老人家说了，因为谁也没有能力记忆自己的襁褓岁月——我的童年很幸福，而且比一般的同龄小孩都要幸福。我出生49天就被送到托婴所去了，直到我青年的时候，还听到我奶奶抱怨那家托婴所：去之前要洗手，进去还要穿上白大褂，而且每天只能够在规定的时间探视一个小时还是半个小时。在托婴所长大之后，我又直接被送进了全托的幼儿园，从小班、中班到大班，直到年满7周岁上小学。幼儿园的岁月在我的记忆中也只有几个破碎的片段。其中包括和小朋友抢接送车的车头位摔伤了脚。现在那家幼儿园还在，但是已经处于闹市区，而在我上幼儿园的时候那里还很荒凉，门前是一条黄泥路。

对我的童年有底片有影像的记忆，应该是读小学的时光。那是我自出生后除了星期天外能够在自己的一个完整的家里无忧无虑地生活的一段很短暂的时光，只有四年多一点。所谓完整的家就是爸爸妈妈爷爷奶奶还有两个妹妹。当然，还有一只苏联品种的很大的黑猫。它的名字叫小黑。我家紧邻小学，听到上课的预备铃响才跑过去上课。我的小学很小，上体育课跑步要去中山纪念堂绕着跑，所以我从小就知道中山纪念堂每边长是250米。那时候的中山纪念堂没有围墙，人人可以随便进去。

那时候没有电视机，一部美多牌电子管收音机就是家中全部的奢侈品。最爱听的节目是中央台的“小喇叭开始广播啦……”，也幻想过怎么钻进收音机里去讲话，但没有想过到后来真的就做电台做了大半辈子了。那时候的孩子读书和做功课都很快乐。那时候实行的是五分制，而不是百分制。所以我不会斤斤计较，知道两分以下是绝对不可以发生的事情，而三分是件比较羞愧的事情，四分还不能说好，最好是五分。说实话我还真的没有拿过两分以下的分数，无论是作业还是测验考试。那时候家庭作业大概做半个小时，八点钟必须爬上床睡觉，六点半起床。

那时候我家住在一栋三层小楼里，是单位宿舍，住了十户人家左右，十几个孩子中我是第二大的。放学放假了小孩子各家各户到处乱窜，到吃饭时间了，有时候回自己家吃饭，也有的时候就在别人家吃了。我最喜欢吃的是三楼老马阿姨的饺子和包子。直到现在我还认为老马阿姨做的饺子和包子是世界上最好吃的。炎炎夏日正放暑假，小孩子们一起玩累了，哪一家人的家长就会在地上铺张凉席，大家就像一只只小猪一样乖乖地排排躺下睡个午觉。那时候各家各户的门锁基本上是虚拟的。有的一推就开，有的把钥匙放在邻家，有的甚至出门的时候只是把锁头挂上，并不真锁，嫌麻烦。

那时候过"六一"儿童节，最著名的一首歌就是《快乐的节日》。"小鸟在前面带路，风儿吹着我们，我们像春天一样，来到花园里来到草地上。鲜艳的红领巾，美丽的衣裳，像许多花儿开放。跳啊跳啊跳啊跳啊跳啊跳啊……"直到现在我还记得这首歌。儿童节的盛装是白衫蓝裤红领巾。不放假，都在学校过。快乐的节日。

这是一个确实存在过的时代，尽管现在回忆起来颇具魔幻色彩。但是我记得住又无忧无虑的童年很短，"文革"一开始，那是我读小学五年级的时候吧，包括我的童年在内的一切，整个时代都在一夜之间突然结束了。后面的岁月是另外一章了：苦难的少年。

（2011年6月1日）

广州之城在水一方

今天的《南方都市报》可谓写尽龙舟。《解构龙舟》是一份极为珍贵的广州龙舟档案，值得珍藏。

其实祖国大地但凡有江河湖泊的地方，都有端午赛龙舟的习俗，广州也没有什么值得骄傲和惊诧的地方。但是广州和附近乡村的民众，在一条龙舟（其实广州人叫龙船）上，承载了这么多的规矩礼数，这倒是值得品味。

如果没有看过广州和珠江三角洲的水乡民众赛龙舟（我们叫扒龙船），那么可以听听那首最著名的广东音乐《赛龙夺锦》，你追我赶，水花四溅，生龙活虎，奋力争先的龙舟大赛就是这样每年端午几乎在所有的河涌上演。广东人给人的印象总是斯文甚至比较弱小，但是端午一到，龙舟锣鼓一敲响，每一条船都是一条龙，每一个人都是一只虎。这才叫霸气外露！呵呵。

“龙船景”，这更是广式龙舟最值得好好品味的精髓。珠江三角洲河涌纵横，以端午节为契机，扒着龙船走亲戚即所谓“龙船景”，是千百年不变的水乡习俗。最好玩的是，哪条村是哪条村的老表，哪条村是哪条村的契爷大都只是源于传说或者一段咸丰年往事。总之这里头的亲情并非血缘之亲，而是“四海之内皆兄弟也”的广式水上演绎。哪怕只是“哎呀兄弟”，但是江水绵绵，龙舟年年，这情义就是在一年一度龙舟的你来我往间一代一代延续至今。也许人在江湖，所谓朋友其实只是熟人，相知相帮义薄云天的，都是兄弟。知道了“龙船景”的来历，再说广州人一向寡情冷漠，也许谁都不好意思开口了。

每年端午节期间，从起龙开始，推水采青、趁景、赛龙、藏龙直到最后散龙，广州水乡各村均有一套非常严格讲究的规矩和不厌其烦的仪式。这些规矩和仪式也许各村不尽相同，但是对天地——实则是大自然——和对鬼神——实

则是公理和正义——的敬畏，对村与村、乡与乡、人与人的关系的严格规定，这一切都是不可逾越、不可篡改或简化的。正因为有了这一套套完整的礼数，让龙船承载起整个农耕时代的水乡价值观体系，而不仅仅是民间水上体育运动这么简单。令人遗憾的是，在当代的某些人眼里，扒龙船的核心价值被漠视甚至抽离了，真的给搞成了农民水上运动会。呜呼哀哉。

今天的珠江三角洲，密如蛛网的高速公路取代了河涌纵横的水上交通，花尾渡绝迹了，八百年的水乡也变成高楼林立的CBD……身处这样的一个时代节点去缅怀农耕时代的扒龙船，是一件颇心酸的事情。唯一值得欣慰的是，很多已经住上了高楼大厦的水乡农民都说，一定要年年扒龙船，只要珠江还在就要世世代代扒下去！作为广州传统精神不可分割的一部分的水乡文化和龙舟习俗，是值得我们去记载和细细品味的。离开了水，离开了龙舟去奢谈什么广州传统文化，那是扯淡。广州之城，在水一方。龙舟是水的庆典。

（2011年6月4日）

水为财，水为福

端午节要来了，龙舟水也来了。《南方都市报》的报道说，儿童节当天越秀泳场重开并实行免费入场，众多市民一家大细拥入，人流过多场面一度失控。而同时在“六一”当天免费开放的还有广州市水上运动管理中心下属的四大游泳场！这一举措不但惠及家长的荷包，更考虑了广州市民的感受，真是过瘾！

我不知道中国还有哪个城市像广州这样地亲水。端午节实际上是一年之中汛期的正式开始。正常的气候下会天降大水，江河湖泊大小河涌鱼塘水都涨得满满的，赛龙夺锦的锣鼓鞭炮声和小孩子在江边河涌甚至鱼塘戏水的喧哗此起彼伏。这是广州人、珠江三角洲人亲水的高潮。当然也有怕水的小孩，父母亲或者爷爷嫲嫲就连哄带骗地把小孩子带到水边，洗洗小手脚，或者把头按到水里湿一下，因为传说洗了龙舟水，百病不侵。当然，现在污染这么厉害就是另外一说了。

那时候的广州，每逢端午，天字码头必浸。来天字码头玩水，是很多广州小孩端午节的必备节目。我当然也是其中一个。每当有大船经过，不算惊涛拍岸也算是大浪拍岸吧，还有汽车在身边破浪而行，一阵阵的大浪总是激起我们一声声的惊叫和欢笑。

其实不止于端午，爱水是广州孩子的天性。那时珠江里还有渔船。渔家的小孩身上绑上几个葫芦，就放到水里泡。那时我们也常常去游泳场，但只是为了解瘾。心中念念不忘的是珠江。在珠江里游泳才过瘾。

小时候广州人把游泳场的水叫“死水”，珠江里的水才是“生水”。去珠江“食浪”更是梦寐以求的事。记忆最深刻的一次是有一天下午早放学，于是我和一帮同学走了一个多小时到珠江边，我还不是很会游泳，抱了一截圆木就下水了，哇，好过瘾！有船过来了就迎上去，一个个大浪把我打到水里，又害怕又兴奋，死死抱住那截圆木不放，然后浮上来了，大口大口吸气……不知不觉天黑下来了，在黑暗的水中央我突然害怕了，因为离岸越来越远了。我死死抱住那截圆木，一下一下地蹬着腿，向着灯光的方向游去，还告诉自己：如果游不回去就要死了。哈哈哈！现在想起来都好笑。

广州的男孩子除了喜欢玩水游水之外，亲水的习性还延伸到养鱼。在我的童年时代，一个玻璃瓶，甚至大搪瓷杯就可以养，粗生粗长的“花手巾”是最普遍的品种，而麓湖就是我们捞鱼的天堂。

时光像流水一样地走了。现在广州可以去玩水的地方——我说的当然是“生水”——几乎没有了，有你也不敢下水，一是因为安全问题，二是水太脏了。但养鱼这个习性却被放大延伸至今了。每到节假日，芳村花鸟鱼虫市场人头攒动，人多鱼更多，一个月不去就觉得自己OUT了！每次去那里逛的时候，我总是纳闷，那么多人写广州生活、广州文化，为什么没人写广州人养鱼呢？游泳也好养鱼也好，无非就是亲水。我想，广州人亲水的本性是变不了的了，哪怕江河再脏，现代科技啊，净水啊，过滤啊，紫外线杀菌啊，江里的鱼，河里的鱼，甚至咸水大海里的鱼，现在广州人都养。养得花团锦簇。人不能游就让鱼好好地游。

对了，今年长江中下游的“千湖之省”湖北也没有龙舟水了，洪湖水不但没有浪了，连水都没有了，鄱阳湖也干了。广州还有水。尽管还没见到大雨和暴雨。珍惜水，继续亲水。也许有人觉得广州人“水为财”的说法是迷信。OK，那就水为幸福好了。

（2011年6月3日）

再见，新时速

如果不是因为一篇报道，我们可能并不知道什么是“新时速”，更不可能知道它的威水史，尽管当年我们可能坐着它去深圳、九龙。今天，这列服务了广州10年的列车，将启程回到它的故乡——瑞典。《南方都市报》报道说，这列国内唯一从瑞典进口的摆式列车，曾在广深、广九线运营10年的“新时速”被回购，今天将离开广州。

这一消息也持续在微博和相关铁路论坛上被火车迷们不住转发讨论。他们翻出“新时速”早年的照片、视频等发布，相互打听列车离库、装船离开的时间表。有网友搜寻瑞典的网站相关新闻，用软件翻译出来，揣测“新时速”返回瑞典的原因和日后用途。广州的火车迷们相约探车，前往石牌车库、黄埔港港区拍照片，为“新时速”留下最后的影像资料。

1996年登陆中国，风光无限；1998年飞驰广深，平稳舒适；2007年打入冷宫，寂寥度日；2012年瑞典回购，不舍作别。这就是新时速的“10年广州生活”。当年，它带着为铁路列车提速的使命来到中国，又因为与铁道部原部长刘志军任内求快、大修高铁的发展方针政策并不吻合而被弃用。来了，风光了，现在又走了，哪怕还有很多的人对它的存在并不知晓。生于这个时代我们注定要不断感慨，感慨也许只是因为我们要被迫不断失去。

我们会突然失去一段有上千年历史的城墙，我们会突然失去一座有上百年历史的建筑，我们会突然失去一个八百年的水乡，我们会突然失去只使用了一年半的灾区学校……我们在不断地不可避免地失去，少数内心柔软的人心存不舍，而更多的人麻木，喃喃自语——旧的不去新的不来。

新的！新的商业区代替了一段失去的城墙。新的楼盘代替了一座被拆掉的老房子。新的CBD代替了一个永远消失了的水乡。新的房地产项目代替了一所援建的学校……新的不管好坏总能给人希望和遐想，而老的旧的能给我们什么？眷恋。一段历史的乡愁。如此而已。

在这个急功近利电光石火的年代，谈论这个柔软的遥远的淡淡的历史乡愁话题，似乎有点二。当你兜里有很多很多的钱而且正急切地要把这些钱变成更多更多的钱，你会有历史的乡愁吗？当你手中有很大很大的权力而且还在渴望更多的权力时，你会有历史的乡愁吗？哪怕你既没有钱也没有权，但天一黑就伸长着脖子仰望星空日复一日做着黄粱梦，你会有历史的乡愁吗？NO！只有很二的人才会有历史的乡愁。不识时务，不计利害，不知秦汉无论魏晋只管真诚地活在自己的世界里，只有这样的人才会有乡愁。

幸好这世界上还真的有不少二的人。他们认真地为每一段城墙、每一座老房子和每一座村庄，信守和坚守。他们在用热烈怀旧来掩饰心底对太快太突然的失去的恐惧。住得好好的一条小巷说拆就拆了，亲如兄弟姐妹的邻居四散再也见不着了。生于斯长于斯突然就在自己的城市里迷路了，日新月异对于政绩来说也许是褒义的，但是对于个人来说也许并不是一件太愉悦的事情。这个时候我们需要怀旧，只有那种说起来很二，但是确实能够给予我们的惶惶的内心一份安静的历史的乡愁能够给我们以继续前行的力量。

当然，青年人之怀旧也许只是一场兴高采烈的游戏，一种个人的兴趣与爱好的肆无忌惮的展示，毕竟怀旧是永远的时尚。So What？他们会比那些无所爱只有恨的人成长得更加快乐和阳光。

所以，“新时速”，拜拜啦，go home吧，一路顺风！

（2012年5月26日）

谁偷走了我们的微笑

从1948年起，世界精神卫生组织确定每年的5月8日为“世界微笑日”。而《南方都市报》在今年“世界微笑日”当天的报道说，记者随机采访20名白领，其中80%的人明确表示真心微笑明显减少。

参与调查的白领中，80%表示每天工作中不得不微笑，但生活中的真心微笑明显减少，原因主要来自工作和生活的双重压力。

就我的眼睛所见，无论是地铁里还是公交车里甚至是大街上脚步匆匆的人们，绷着脸的人真是很多。难道真的是工作和生活的压力偷走了我们的微笑吗?

也许是。衣食住行样样升价，恋爱结婚生仔供书教学买楼买车分手离婚1234再来一次，样样不省心，剩下的一点力气全部用来睡觉了，哪儿还有力气微笑啊?

也许不是。与过去的时代相比，那时候也不见得没有压力啊。现在没房子可以想想办法凑个首期供啊，我们年轻的时候没有房子可是一点辙都没有，只好伸长脖子等单位分房，单位愣是不分房给你的概率大于70%。那时候要换个工作比登天还难，想要吃顿鱼还要看有没有票，当然，买鱼的钱也是一个问题。就事论事，我感觉那时候的微笑真的比现在多。当然你也可以说那时候的人们基本是很傻很天真。而那时和这时最大的区别在于，那时没有这么多的诱惑和欲望，更加没有现在落差这么大的攀比。

说了半天，结论没有半点新意：偷走我们微笑的不一定就是时代而只是我们心中的欲望。其实这只是表面。偷走我们的微笑的窃贼还有一个名字，叫希望。各种社会丑相一再突破我们的想象力，各种丑陋越来越无下限，而青年人生的上升通道越来越堵，像大城市的交通一样。希望变得微弱了，心越活越累，于是微笑就悄悄地溜走了。

不得不说的是另一种不能真实表达人类的心情的微笑——职业微笑。自从这运动会那运动会盛大举办以来，微笑也变成一件很残忍的事情了。为了达到露出八颗牙的微笑标准，青春靓丽的姑娘们不管口大口小，一律对镜咬筷子，愣是把柔柔的微笑变成了职业的僵笑。运动会过去了，这样的微笑标准也得到了空前的普及。职业微笑说实话并不是时时都能让人感到赏心悦目的，除非你没有设身处地地感受到微笑者的那一份无奈。他们在下了班之后还笑得出来吗？

世界上最强迫不得、训练不出来的就是微笑。微笑是一个轻盈而放松的心灵的镜像。当职业已经占据了人们的绝大部分生活甚至整个心灵的时候，微笑的确是一件勉为其难的事情。看大街上每一个人的表情评估社会大众对现实的满意度的准确性，一定大大高于基于社会学和统计学的各种各样的民意调查。

任何一个时代都有它非常糟糕的地方，也为每个人的心灵预留了树洞。能不能找到这个树洞就要看造化和悟性了。总而言之，没有微笑的人生是绝对苦逼的黑色人生。不要总是像照相一样试图挤出微笑告诉别人一个连自己都不相信的谎言：我活得很好。要让微笑从心底发出，就要让自己的心灵清澈起来、轻松起来。

没有人可以强迫你微笑。但是也没有人可以强迫你不能微笑。顺便说一句，为什么人们平日极少微笑，但是几乎所有的人在照相的时候却总要装出一个微笑的表情呢？也许微笑只是最廉价的心灵整容。

（2012年5月10日）

广州为什么没有餐饮航母

城中媒体报道说，在近日由中国饭店协会颁布的《2011年中国餐饮业调查报告》中，广州与上海、北京、重庆、深圳、武汉等城市并列为中国餐饮十大影响力城市。但在“中国十大餐饮品牌”的评选中，广东餐饮品牌仅广州酒家一家跻身其中。这也是“中国特色餐饮50强”中，唯一的广东餐饮品牌代表。媒体质疑：都说“食在广州”，为何众品牌只有一家突围？餐饮业专家、广东商学院华商学院旅游管理系教授姚学正认为，一方面是因为广州的餐饮品牌不愿意递交资料参与评选；另一方面，广州的餐饮品牌实力整体确实不如省外，“这与广州餐饮经营者小富即安的观念有关”。报道还说，下一步，广州将继续推进餐饮业的分等定级，力争五年内，使广州国家级酒家超过100家，并拥有一批自主知识产权和知名品牌、具有国际竞争力的大型餐饮企业集团。同时，通过市、区两级政府适当政策扶持，争取三年内培育两至三家餐饮企业在创业板和中小板上市。呵呵，看来广州是铁了心要出餐饮业巨头了。有意思！

“小富即安”和“文化沙漠”一直是广州头上的两顶帽子，无论对广州有什么批评，到最后总是这两顶帽子。怎么甩都甩不掉。不要以为两顶帽子是孤立的，实际上只是同一个组合。意思就是说广州人文化底蕴不深，做生意胆子不大，眼光短浅。既然人家给了咱们，接就是了。众所周知，低调，华丽的低调是广州人一贯的性格。

广州小小一城，大小酒楼食肆多达4.3万家，全市年人均餐饮消费额保持国内大城市第一位，这就够了，至于称王称霸的一家两家独大，这恰恰不是广州餐饮业发展的路向，过去不是，现在不是，将来是不是就不知道了。广州企业规模很大的餐饮业老大也许不多，甚至可能老大不大，但是寻味广州城，三山五岳的风情，五湖四海的口味，星罗棋布的食肆，丰俭由人的风格，各适其所的选择，正是广州餐饮文化的独特性格。没有一统的江湖才会是精彩纷呈的江湖。风吹草低见牛羊是非常舒展的发展生态。有钱齐齐揾，有嘢齐齐食，独食唔肥，这是广州人深入到骨髓里的发展理念。哥前哥后三分险，广州人的确不喜欢当大佬。也许在外人看来，这就是小富即安。

至于沙漠不沙漠、有文化没文化，广州人也不是那么在意。就说粤菜吧，我们说清淡是赞誉，人家说清淡是讥讽。也只是口味问题。糖醋鱼、红烧鱼是把鱼当成酱料的载体，而清蒸鱼吃的就是鱼的本身，火候多一秒算多，少一秒算少，无论是蒸鱼的还是吃鱼的，味道心领神会而且极难为外人道。就算是沙漠吧，沙漠也有沙漠的文化，谁也不能说沙漠的文化就不是文化。

写了这么多好像有些敝帚自珍。这是理所当然的。人活在世上不是为了别人的理解，吃什么、怎么吃更不是为了别人的理解。何况今天的广州早已不是粤菜的一家天下，在广州就可以吃一个五湖四海，这正是广州餐饮业的骄傲。小到一碗再普通不过的牛三星，大到极尽奢华的豪门夜宴都可以轻而易举地在广州吃到，这才是广州餐饮业最牛的地方。什么多少强都是浮云。

至于人为打造广州餐饮界的航空母舰，我没有理由不乐见其成。肉必须烂在锅里。打造得成也是广州人的口福。只是心中还有一点点的疑惑，政府打造餐饮航母的手段无非政策倾斜，这对于巡洋舰和小炮艇会不会不公平？既然广州的餐饮业生态基础这么好，何不让它来个“万类霜天竞自由”？

（2011年11月9日）

坚韧才是广州的性格

广州足球首次在中国顶级联赛中夺冠，恒大4比1击败陕西，提前4轮夺得冠军。尽管在今天的“早茶”谈论这件事情好像已经迟了一点，欢庆的酒已经醉了又醒，但是这话题还是值得一谈再谈。因为与广州的城市荣誉相关的事情值得如此庆贺的还真的不多。

是的，一个城市的足球的确是属于这个城市全体市民的荣誉。这样说好像很没有水平，足球不就一项运动吗？是啊，从技术的层面看，足球的确是一项运动，这边11个人，那边11个人就够了。但是事实上，足球就是一个城市几乎是全民参与的运动，否则的话，怎么运动场要做得那么大，座位要那么多？

越秀山足球场是多少代广州人魂牵梦萦的地方，就算在广州足球最低迷的时代，还有多少人心里始终惦记着这里。更不要说在容志行、古广明……广州足球群星闪耀的时代，在南派足球大放异彩的时代，数以万计的球迷在越秀山上此起彼伏的呐喊声，响彻云霄。

广州恒大这次出征之前是做足了功课——我所说的不是在技术和训练上的功课，而是与球迷互动的功课。进社区、走乡村与球迷零距离接触，感受广州球迷对子弟兵的一往情深。而媒体也对此给予大篇幅的连续报道。这在广州足球的历史上是不多见的。国内的足球赛事，说白了就是城市与城市之间在足球场上的战争，城市的民众对子弟兵的态度虽然不能代替战术技术的训练，但对于成就一支球队的士气和勇气至关重要。在欢庆这个势如破竹的胜利的时刻，我要由衷地说一句：广州球迷，好嘢！广州恒大，好样的！

和任何的城市一样，广州也需要属于自己这个城市的荣誉。这种城市荣誉不是靠做花架子做出来的名堂，而是经过我们一代人甚至几代人不懈地努力、

奋斗甚至失败，有汗有泪有毅力地创造出来的。先人已经尽了他们的能力为这个城市的荣誉做了一切工作，现在，这个城市就在我们的手里，我们可以为城市的荣誉增加什么？广州球迷、广州恒大做到了：提前4轮夺冠！

广州的足球和广州其他方方面面一样，有过辉煌，也有过不堪回首的低落。这些都不要紧。要紧的是坚持，一种咬定青山不放松的坚韧。此时此刻我想起了一个广州老球迷，几十年如一日地为广州足球擂鼓助威。现在鼓槌已经传到了儿子的手里了。他们的失落和欢欣就犹如上下翻飞的鼓槌，他们一年一年地擂响，就这样我们的城市终于拥有了这个新的荣耀！

小时候我家离越秀山两三公里，每逢球赛总能听到一阵又一阵如风暴般的雄浑响亮的呐喊。我也曾置身于越秀山足球场球迷的人海之中。我希望这声浪能够一直响起、一直翻滚，不管我们的子弟兵球队是输还是赢。广州足球就是这样走过来的。一阵的勇气、一时的运气都只是浮云，而坚韧才是这个城市的性格。

广州，我为你感到骄傲！因这个提前4轮夺冠，我为你感到更骄傲！

（2011年9月30日）

第二章　种城时代

城市也可以种吗？是的，城市也可以种。君不见，这30年来珠江三角洲不但高楼大厦如雨后春笋般涌现，城市也在犹如雨后春笋一样地拔节吗？

你一“打造”，我就犯晕

又有一个新名词诞生了，而且据说是由广州首次提出的。媒体的报道说，广州市“三旧”办常务副主任李俊夫在相关场合，首次提出广州拟打造“城市低成本生活区”。对于这个“低成本生活区”，具体解释如下：城中村涉及城郊接合部的改造，将在一些近郊区里面通过综合整治，允许外来人改善城市设施，来打造一些低成本的生活社区。

首先我们必须看到，这个正在推行的“城市低成本生活区”的概念是在“三旧”改造大帽子下的城中村改造的条目下的，也就是说，如果没有“三旧”改造也就没有这个貌似为底层百姓着想的“城市低成本生活区”。其次我也注意到，这个“城市低成本生活区”不在现在已经被拆到融融烂烂的西关，也不在旧貌保持基本完好、老街坊众多的越秀区，而是在城郊接合部。也许“城市低成本生活区”的概念是首提，但是在广州早已有之。

要说“城市低成本生活区”，我不得不想起石牌村和杨箕村。这两条著名的城中村当年走出了多少IT精英、媒体精英和广州各行各业的精英！这里是他们在改革开放的大潮中几乎身无分文从祖国各地踏上广州土地的第一个“家”。在充满理想主义情怀的20世纪80年代，这是真真正正的“城市低成本生活区”。现在这些个“城市低成本生活区”都随着理想主义的烟消云散和城中村改造的第一波浪潮，消失得无影无踪。

另一个著名的“城市低成本生活区”是三元里村。住在那里的少数民族兄弟姐妹直接用他们自己的文字和语言代替了广州话、普通话和汉字，里头不光有民族风味食店，甚至还办起了民族幼儿园。

而现在繁荣高档的华南板块在创建之初，其实我们也不妨看作是另一类的

“城市低成本生活区”。那时候刚赚了几个钱的一批“新广州人”买不起城里的房子，又怀着走出石牌村、杨箕村的强烈愿望，首付几万元就可入住华南板块。

还有一类“城市低成本生活区”是我们不愿提起又绝不能忘记的——以同德围、金沙洲为代表的城西板块。因为低楼价、因为拆迁、因为种种理由，几十万广州城中老街坊都被自愿不自愿情愿不情愿地挪进去了，但是进去了就出不来了。交通极度不便，社会配套资源极度匮乏，情势改善极缓。

楼价低不等于生活成本低。就出行成本而言，城郊接合部肯定比市区要高得多，时间成本也是如此。城西板块的街坊普遍抱怨一天要花三四个小时奔波在上下班、上下学的路上，换言之，他们的生命比那些每天只需花两小时在路上的人要缩水10%左右！

关于“城市低成本生活区”的建设，当局使用的是“打造”这个让人一见就犯晕的词。但是所有我在上文提到的广州“城市低成本生活区”都不是打造出来的，而是在城市发展的不同阶段自然而然地形成的——同德围除外，正是同德围的窘境让我们看到了“打造”的恶果。

只要“城市低成本生活区”不是新的贫民窟，只要真心为低下阶层着想，说到底，建设“城市低成本生活区”还是一件好事情。假如广州真心要做好，我建议以后免提“打造”，以免市民发噩梦，用积极促进、形成之类的表述可能会更好一些。

（2012年9月27日）

南沙能建机场吗

广州着手开展广州南部第二机场规划研究。建在哪里？报道没有直接给出答案，虽然目前看来，第二机场只是远景规划，而且只是研究而已，但已经有专家认为，“在南沙建商务机场更符合实际”，而《南方都市报》的报道指出，在去年9月份南沙新区开发建设现场会上，《南沙新区总体概念规划》显示将在南沙新区三民岛建设商务机场。

这个南沙真是黄金宝地。本来就是广州和珠江三角洲中心地带的一块湿地。日出日落，候鸟冬来春走，水土丰沃，种香蕉水稻鱼米之乡，顺便而且也是最重要的是，给广州和整个珠江三角洲好好当个肾。几千年就这样过去了。没承想早先是霍英东先生看上了，后来是码头看上了，钢铁厂看上了，化工厂也看上了，房地产开发商当然也看上了。现在更好，机场也看上了。

南沙命途多舛怨不得谁。只怨广州早已无处可以插针。可能因为偏居一隅，可能因为湿地宝贵，在广州这几十年轰轰烈烈的造城运动中，开始的时候的确没有人去碰南沙一根毫毛。每年冬天候鸟们都能找到落脚点。但到了后来就不一样了，只要与水有关、与大规模的用地开发有关，南沙就成为了第一块也是最后一块可以被惦记的土地。湿地的重要性什么的，提都不要提，一提就有人脸黑。南沙的现实困境只是广州建设用地现实困境的一个组成部分。

我们不难听到这样的反驳句型：不在南沙建钢铁厂还能在哪里建？不在南沙建码头还能在哪里建？不在南沙建化工厂还能在哪里建？……现在也许要加一个新句子了：不在南沙建新机场还能在哪里建？

站在环境保护的角度看，以上句型全部不成立。对于广州乃至整个珠江三角洲来说，哪里还有南沙这样大、这样天成的一块湿地？湿地与森林、海洋并称为全球三大生态系统，对于珠江三角洲这样大的一个城市群落地带来说，南沙湿地的重要性大家可以参照中学地理课本自行研究。但是站在城市发展规划的角度，南沙是广州市里头能出硕果的仅存的一块地皮了，不打南沙的主意哪里还有可供惦记的这么大一块地皮呢?

不管是大型的国际机场还是小型的商务机场，只要有飞机场，南沙的候鸟应该会从此绝迹了。

事实上珠江三角洲方圆百公里之内机场真的不算少了，佛山有机场，虽小但是吃不饱，深圳宝安也有机场，半饥不饱，珠海也有一个机场，闲得用来举办航展。就大型国际机场而言，我们不能忘记有广州白云机场和年旅客运输量早已突破5000万人次的香港国际机场。而现在的广州白云机场的启用还不到十年的时间。

说句该说不该说都不得不说的话，哪怕把南沙豁出去不要了，以广州现有的土地资源要重新规划建设一个新的大型国际机场恐怕够呛。假如南沙真的要建一个大型国际机场，那么不要说湿地，连干地上的什么宜居宜创业都要泡汤。别的不说，光是机场的噪声问题就没有办法解决，而不能直接感受到的还有频密起降的飞机对大气环境的污染。用南沙土地换机场未必是一条算得过来的账——尽管一个大型的现代化的国际机场对于广州的重要性同样不言而喻。

包括香港在内的珠江三角洲的空港布局规划是一个早已有之的话题。问题出在各地都有自己的小算盘，因此很难下成各方都能利益均沾的一盘棋。总而言之，离开了珠江三角洲一体化发展去孤立地做空港文章，无论把机场摆在哪里，最后都会是不尽如人意。机场只是一颗棋子。

（2012年8月1日）

本土有情，市场无情

有媒体最近报道说，广药以490万元出售老字号潘高寿被指贱卖，实情是银基集团将以490万元的代价获得潘高寿药业旗下全资子公司潘高寿食品饮料有限公司50%的股权。哈哈，在我这个既不懂经济也不懂数学的人看来，卖了一半的股权算不算卖？我还是搞不清楚。也有媒体报道称：广药看重的是银基的营销能力和销售渠道，想通过银基的渠道来做大潘高寿品牌。哈哈，这就应了一句广州话：除笨有精。

如果人家有销售渠道可以做大潘高寿的市场，而潘高寿本身就是个响当当的招牌，你出左手他出右手联手做生意，假如这笔生意做得好的话，490万元是多了还是少了真的不是什么大问题，本身就是象征性的。左手和左手联合没用，右手和右手联合也没有用，真正的强强联合是左手和右手的联合。

看媒体的报道，已经有人悲观地估计，潘高寿或成王老吉第二。而事实上，王老吉回归广药以后，就开始悄无声息，反倒是加多宝像不倒翁一样打不倒，绝地逢生。本土品牌“王老吉”再加上这个本土品牌潘高寿何去何从成了很多人的担心。

我觉得其实这种对本土老字号企业命运和本土品牌的担心只是一种本土情结的发酵。这种发酵可能酿出醇香的好酒，也可能发酸。

是的，作为广州人，我们亲眼看着一家家的本土老字号已经和正在走向末路，一个个本土品牌在悄无声息地消亡。因此在市场和资本令人眼花缭乱的戏法当中，我们有极为充足的理由担心又一个故事在沦落中发生。这就是爱。作为本土企业和本土品牌，一定要珍惜这种别个企业和品牌所没有的力量，更加不要把爱你的人看作是二哥。世界上绝没有无缘无故的爱。对本土老字号和品

牌的爱都是有缘有故的。

但爱有情市场无情。王老吉和加多宝的恩怨情仇情节复杂但成败基本已见端倪，输赢都在是本土市场还是全国市场这个核心问题上。与佛山的陶瓷、顺德的家电在大江南北攻城略地所向披靡横扫千军如卷席相比，以降火为功效的广药这些个凉茶真的没有什么火气。不过这话也错，怎么凉茶到了别人手里就变成可以在神州大地燎原的星星之火呢？

可以说，这次广药以490万元的低价出让潘高寿一半股权以换市场规模也是无奈之举。没有人才就玩资本重组呗。完全可以理解。报纸说它贱卖不好，这样会给人太多的联想。只是礼下于人必有所求而已。

说句实在话，在这个市场经济的时代，不管是本土品牌还是本土老字号，我们只有发自内心的爱，而实在没有太大的空间去担心。政府可以做的事情是，如果是国企就要交给有能力靠得住的人去打理，除此之外也没有太大的扶持空间了。如果是私企，那政府和民众可以作为的扶持空间就更小了。也是一次残酷的洗礼吧。若干年后还能够立得住的本土企业和本土品牌是谁？我们只能期待无边落木萧萧下，不尽长江滚滚来。

不管是王老吉还是潘高寿，我们现在只能充满本土情怀地说句：祝福！

（2012年7月31日）

城市的良心是谁的良心

首都因为一场大暴雨死了37人。北京市防汛抗旱指挥部称，截至目前，北京受灾面积达1.6万平方公里，成灾面积1.4万平方公里，190万人受灾。每逢此刻，人们总要情不自禁地发问：假如这场雨下在广州会怎么样？《南方都市报》的报道给出的答案是令人极度沮丧的：北京那样大的雨，广州也扛不住。广州城区排水系统虽投巨资多年改造，但排水能力并没有整体提升。

广州人是唱着“落雨大，水浸街”的童谣长大的。唱这首童谣的人早已成为了爷爷，但是孙子还在乐此不疲地唱着。相比较之下，广州在一个甲子之内不知道城变是如何的翻天覆地，沧海桑田，但是不变的就是落雨大，水浸街。

京城水浸那一天一条微博在网上风传：说是雨果先生说过，下水道是城市的良心。其实雨果只是一个大文豪，为什么竟然成了城市下水道的专家，我们都不得而知。他有没有讲过这句话也好像无从考究，毕竟现在读雨果的人真是太少了。但是这句话本身挺有道理。

一个城市可以让摩天大楼如雨后春笋般地冒出来，一个城市也可以一掷亿金享有举办盛会的世纪荣光，但是下水道可能因为看不见，所以一直就是那个样。雨不来就没事，雨来了也没事。水淹汽车也好，航班延误也好，砸死人淹死人也好，谁摊上了谁倒霉。

而广州呢？大吉利市讲句，这次51年一遇的大雨没有下到广州来，如果下到广州来的话，北京已经发生了什么，广州照样会发生什么。

一讲起水浸街，人们言必称下水道。可是2009—2010年，广州市安排9亿元对中心城区228个较严重的水浸街点进行整治，今年再投3.79亿元，而且这两年加起来只有十几亿元的治水费用并非全部投在下水道的建设上。对比起亚运会期间广州“穿衣戴帽”的费用，这区区十几亿元真的就是蚊同牛比。广州的“穿衣戴帽”花了多少钱？媒体的报道说：73亿元！难怪有人说埋在地底的下水道谁都看不见，所以谁都不在乎。

作为水城的广州的历史足足延续了两千多年。如树干一样从南向北伸展的六脉渠正是广州古代的排水系统。可惜近几十年来，河涌纵横的广州已经不复水到渠成了。一场大雨就水浸街的夸张情景已经远远超出了我们对童年广州水浸街的记忆。

其实河涌也好六脉渠也罢，只是水浸街的一方面。另一方面的原因也许更深刻从而更加病入膏肓——城市地表的硬底化。原来的广州不仅河涌纵横，而且农田花插抱城。所以哪怕豪雨袭来，城中低洼处小浸一阵积水便可迅速排清。哪有水淹岗顶、让暨大变成威尼斯分院这样荒唐的事情发生。岗顶一带原本就是农田！

我还记得以前报道过的一个小故事。一条小巷中铺地的麻石在“穿衣戴帽”中给全部撬了起来，改铺水泥了。结果小巷就浸了。道理很简单：麻石缝是天然排水的，而水泥地就只能够靠下水道了。偌大的广州所有的水都靠下水道来排走，下水道忙得过来吗？广州城市硬底化的这个过程是不可逆转的，这才是最大的麻烦。原来的广州是可以处处去水的，而现在只能够指望下水道了。《南方都市报》的报道说，近日广州市政府开始着手论证研究建100公里的深层隧道，并借此开全国先河，建立内涝防御系统……但是这个正在论证中的深层隧道会不会成为广州水浸街的终结者呢？谁也不知道。

还是回到开头我们提到过的不知道是不是雨果说的那句话吧：下水道是城市的良心。可我的问题是：城市的良心是谁的良心？假如市民不可以质疑为何“穿衣戴帽”花费70多亿元，而治理水浸街一年仅投入3亿多元的话，那么市民就与城市的良心无关。这只能够说明：下水道只是下水，城市的良心与市民无关。

（2012年7月24日）

失去总是从点滴开始

这条新闻颇为令人感慨。《南方都市报》的报道说，81岁的西濠电影院沦为仓库。同一条报道为我们提供了解读这条新闻的背景，因而赋予了这条新闻以意义：从解放前起，长堤西濠二马路一带就是电影院、老字号最集中的地带，不足百米的路上，汇集了广州电影院、西濠电影院、人人菜馆、的彩冰室、南国面馆、吴连记粥店、北京饭店等老字号，吸引诸多著名领导及外国元首慕名前来。西濠电影院，更是这条广州最早步行街的龙头。

其实不单是西濠电影院，就是西濠二马路，就是整个人民南商圈，都在沉沦。现在新一代广州人的行街目录上，早已没有了这条马路和这个电影院的名字了。莫说老人喜欢讲旧事，在我们年轻的时候，这一带与中山五路北京路比肩而立，是广州两个最大最黄金的商圈。

也许有人会用“城市发展”四个字坦然地接受这个事实。但是我不接受。南方大厦还在，文化公园还在，西濠二马路还在，西濠电影院也还在。这里没有拆迁，作为一个曾经存在的街区，这里一切的原来的物理存在都还存在，只是朱颜改，只是人气不再。这恰恰是我们今天思考这条新闻的现实意义。

就人民南商圈来说，一切都还在，只是因为多了一样东西，黄金变成了黄泥。这样的东西就是人民路高架桥。这太有意思了。很多老城黄金的流散是因为拆了，因为少了很多东西，而这里却是因为建多了一样东西，结果散失了很多的东西。

1987年人民路高架桥建成时，城中百姓欢天喜地。记得那时候有媒体做过报道，人民路高架桥建成之前，从白天鹅宾馆到人民北中国进出口商品交易会展馆要走40多分钟，而人民路高架桥的建成把路程缩短为15分钟到20分钟。

但是世界上从来没有免费的午餐。为了这15到20分钟，广州付出的代价是一整个传统黄金商圈的衰落。现在坊间传闻，随着康王路等南北走向干道的建成，人民路高架桥的拆除只是时间问题。但是时光不能倒流。如今百姓议论，哪怕拆掉人民路高架桥，人民南商圈的昔日辉煌也已经无法再现。对于人民南来说，哪怕拆掉高架桥都是可望不可即的，更无力与上下九、天河城这些传统或新兴的商圈竞争。假如在这样的一个大背景之下来观察81岁的西濠电影院沦为仓库的新闻，毫无惊诧之处。

国外有位城市问题专家曾说过，一个有历史的城市的发展应该是此起彼伏，和人的生命一样一呼一吸。这个时期这片城区崛起了，兴旺了，同时那片城区就渐渐衰落了，冷清了。人们迁往新兴的城区，渐渐衰落的地区经过重建又逐渐兴旺起来，而此时原来的所谓新兴城区又开始了衰落的周期。当然这是一个以半个世纪甚至一个世纪为时间周期的。看来黄金如人民南商圈，也逃不掉这个铁律。同时这位专家还警告：一个大城市如果失去了发展的节奏，在一个时期内全面开花拆老城建新城，那就意味着若干年后这个城市将会面临着全面衰落的危险。这话有点像在提醒广州，但是我不敢联想。

站在两千多年的时间发展线上的当下这一点，纵观广州亘前大发展的城市战略，考虑到1000多万人口生存的空间压力，无论怎么看，一个小小的西濠电影院的湮没只是大海上的一个小小的泡沫，连浪花都算不上。顶多几百万老广州心中一点点的酸楚而已。要说的话只是：失去总是从点滴开始。我们已经目睹了太多的点滴的失去。不管是因为拆，还是因为建。

（2011年5月11日）

不可阻挡地变丑

这篇报道看得作为广州人的我很痛快，也很痛苦。痛快是因为“中国现代风景园林与大地规划之父”孙筱祥狂批广州规划说出了我的心里话，痛苦当然就是因为无能为力。广州还要继续丑下去。

同城媒体报道说，这位90岁高龄的专家在广东科学馆做学术报告时狂批广州的建筑、园林绿化和灯光等。他说，100米以上的高层建筑，广州绝对不能建，“就算枪毙我，我也反对”。他还说，广州塔如果碰上龙卷风、大雷雨、地震，就有可能出现灾难性的后果。他的观点还有：灯光夜景是地球的“皮肤癌”、中轴线概念早就过时了广州还骄傲得不得了、广州塔建得那么高简直是愚昧……

如此口出狂言，这位孙筱祥何许人也？北京林业大学教授。同他一起痛批广州规划的还有另一位中国古典园林的泰斗级人物——中国工程院院士孟兆祯。他认为广州的绿地太多了，而高大乔木太少。绿地多不适合广州多晴天、太阳大的天气特点。两位大人物都不是普通的老人家，对老广州也应该谈不上有太多的记忆和情感吧，只是就事论事就得出这样一些结论，不得不佩服和惊叹，他们的心灵与许许多多的广州人竟是如此相通！大师毕竟就是大师！

话又说回来，假如他们只是两位再普通不过的老人家，他们会有如此言说的平台吗？哪怕有，媒体会发表吗？哪怕发稿了，会引起任何的反响吗？其实他们对广州规划的这些评价，无数普普通通的广州人早已在茶余饭后一遍又一遍地说过，话还是这些话，评价也是这些评价。广州这个老城的畸变依然故我。

这次两位大师说话了，说得很不客气，但是广州的城市面貌会就此停止变态美吗？我不看好。没有什么力量能够改变权力恶俗的审美，更没有什么力量能够改变面对旧城改造的利益的欲望冲动，哪怕大师也不行。

在这里我要向大师致以崇高的敬意。一般应邀去某城做报告，好吃好住，尊重有加，所以专家也好，老师也罢，一般都是客随主便，说两句好话，人家要的其实就是您名衔下的两句好话啊，您以为真的是对学术鞠躬啊？这样的故事我亲眼见过太多了！但是，这两位中国园林的泰斗，居然在广州实话实说。罕见！致敬！

在这里也要向广东园林学会致谢。是他们让我们有机会得知两位泰斗对广州园林规划和城市规划的真知灼见。也希望他们不要因此惹上什么麻烦。保重保重！

一个城市总要成长。城市的成长从这个城市建立之时就开始了。因此怀旧等情绪总是被发展的主导者所不屑。但是一个城市在未来可见的岁月里会长成个什么样子，一般而言应该取决于那个成长的年代中城市的主人。当然这只是一种很文艺的表述，事实上是仅仅取决于这个城市在当下的主导者。假如没有在更高的层次和更加超然的境界上代表市民意志的专家委员会的指引，城市主导者的审美就约等于城市未来面貌的审美标准了。国内有的城市出现换一次市长砍一次树新种一批树，已经不是新闻。这是很可怕的事情。拆和建都不是问题，拆了之后建了之后，城市变丑了，由舒服变得不舒服了才是问题。而此时拆掉的砍掉的已经永远不能复得。

从这个角度来看，无论是民众茶余饭后的牢骚，还是专家泰斗理通古今的评说，其实想卖的都是后悔药，但是，城市发展没有后悔药可吃。恕我直言，不光广州，中国大城市越变越丑，越变越大，越变越不舒服的趋势谁也不能阻挡，在可以预见的未来，城市之丑及其一切都会是滚滚洪流。

（2011年4月27日）

还留一湾春水予黎民

“五月五龙船鼓”大型民俗活动连闹7天后，昨日在荔枝湾落下帷幕。拜屈原、观龙船、包粽子……喧嚣背后，政府投入经费逾百万元（其中40万元来自招标而来的运营公司）。荔枝湾景区建成以来，一直承担荔湾区举办民间传统活动的功能。接下来，还有七夕、国庆、元旦、元宵灯会等大小活动10多个。荔枝湾景区有关负责人透露：“去年至今，荔枝湾的活动花费，接近800万元。”

政府出钱举办民俗活动如果有得赚，投入再多都不算多，但是据荔枝湾景区统计，6月20—26日的端午活动期间，游客人数达30万人次，销售3000多碗艇仔粥和3000多碗竹升面，乘坐游船参观荔枝湾的游客数量明显增加，营业额提升了至少80%。艇仔粥、竹升面各售出3000多碗，看起来数字很美丽，算算账就不是那么一回事了。就算15元一碗，艇仔粥、加竹升面的营业额只有9万元，平摊到七天当中，每天的营业额只有1.2万多元，按毛利20%算，每天赚2000多元——艇仔粥赚1000多元，竹升面赚1000多元。可能活动还有其他的收入，但是算了著名的艇仔粥和竹升面的账，其他的营收应该可以推算出是老鼠尾巴生疮——大极有限了。事实上，景区的负责人透露，这次轰轰烈烈的活动期间，政府直接收益项目只有游船、部分小档口租金，最多只有几万元。“与上百万元的投入相比，微不足道。”

算完账就该提问题了。我的第一个问题是：政府出资做民俗活动一定要赚钱吗？我的观点是不必强求。放个烟火怎么收钱？扒个龙船怎么收钱？所谓取之于民用之于民，政府做民俗活动不能够连农村的宗族祠堂都不如。花钱买市民的高兴，值得！至于营收，不妨看作是执到——白捡的便宜。

我的第二个问题是：为什么要投入100万做端午民俗活动而不是80万元或者50万元、30万元？俗话说，有这么大的头才好戴这么大顶帽。过节这事，多有多过少有少过、穷有穷过富有富过，历来如此，最重要的是市民高兴就好。钱不够就少挂些装饰少请几个演员少做几场演出，就全部都省下来了，估计老百姓也不会有意见；怕就怕区与区之间存在攀比，那就神仙都没办法了。

我的第三个问题来自报道中所透露的：荔枝湾将试走市场化的道路，成为广州首个由政府建设、承包给企业经营的风景区。中标今年端午活动的广州丰基投资有限公司负责人关震飞直言："老实说，这次与政府合作，我们预计这几十万元是亏掉的。"是的，在商言商，明年后年还有源源不绝的商业机构哭着喊着来荔枝湾做雷锋吗？我旗帜鲜明地反对这个所谓政府建设、承包给企业经营的模式。理由很简单，诸位谁见过神州大地哪个景区承包给企业经营之后游客不是一肚子气的？不要把荔枝湾景区的建设通过承包经营做成了商业房地产项目。我坚信这不是荔湾区方面的初衷，但是一旦承包出去的确存在这样的风险。

荔枝湾说到底只是一条小小的河涌，因为有传说，因为两岸有假古董式的建筑，晚上还有制造气氛的灯光。水面上不会每天浮出金灿灿的元宝给承包者作为回报。承包者也不会在荔枝湾的岸边种钱，要回收投资无非也就是开开铺划划位，不是做大房东就是做二房东。卖艇仔粥竹升面不赚钱就卖佛珠玉器，卖佛珠玉器不赚钱就卖手表手机钻石……承包的闸门一旦打开，荔枝湾会变成什么样谁说了都不算，钱说了算！既然如此，政府又何必黑狗得食，白狗当灾呢？我就不信荔湾区穷得连荔枝湾都养不起。还是断了承包之心，给市民留一处没有商业喧嚣的一湾春水吧。

（2012年6月28日）

鸡仔上榜，有钱大晒

广东省社会福利服务中心希望地铁公司在鹭江站能够在语音到站提示和出口指引标志中，“免费”增加该单位名称，遭到了地铁公司拒绝，理由是该中心不属于免费范围。《南方都市报》的这则报道，揭开了广州地铁一个秘密：在报站和出口标志出现名字，并非全部免费。

植入广告是电视上很时髦的广告经营手段，不管是节目现场还是电视剧，老百姓早就司空见惯。国产电视剧的道具做植入广告一般很笨拙，不用一眼，半眼就看得出来。而最引人入胜的植入广告可以说是电影007系列中的名车名表，植入技术之妙产品之吸引人，观众可以说是主动“吸毒”。植入广告最吸引人之处本来是“润物细无声”，让受众在不知不觉中潜移默化地接受。而在中国植入广告这么火还有一种可能——避税。

说回地铁报站和出口标志这件事。那些交了钱才有资格出现的机构名称，我们不妨看作是植入广告。告知旅客列车到达站名，告知旅客各个出站口的方向和主要建筑物及机构，这本是地铁公司责无旁贷的义务，换言之，无论是语音报站还是出口标志都是一种属性非常明确的公共资源，移花接木用作广告载体以谋私利，这是不折不扣的侵占公共资源。

广州地铁方面认为，免费使用地铁语音播报和指示牌，必须同时满足两个条件，一是在地铁站500米辐射范围以内，以便市民能够轻松到达，二是必须是相对重要的机构。剩余的位置，才会用作商业性质合作。而记者实地调查的结果是，离地铁3号线岗顶站D出口很近的暨南大学榜上无名，各种教育培训机构、酒店和维修中心却榜上有名。麻鹰无名因为没付钱，鸡仔上榜因为有钱大晒。That's it。就这么回事。

也许有人会用地铁车厢内或站台广告来驳斥我的批评。我认为，这和报站是两回事。前者只要广告主管部门批准并无多大不妥，乘客反感不反感是另一回事，至少有法律支持。而语音报站和出站口文字标志不一样，在这些属于公共资源的空间里以付费方式挂羊头卖狗肉，无异于把广告做成新闻。这个道理从后果上来判断就很明显了。车厢或站台空间谁付钱挂谁的广告，乘客哪怕反感但也只好接受。因为大家都清楚：这是广告。但是报站语音广播和出站口标志就不一样了，受众非但不知道这是广告，而且还会被误导，以为这是经地铁认定的重要的机构。因为凭常识人们会认定，假如没有重要性或显著性这些机构怎么上得了语音播报和出站标志呢？谁会想到这只是商家花钱买显著性、地铁收钱卖显著性的结果呢？

我想起了类似的道路标志的例子。很多年前，无论是省道还是高速公路上的路牌标志也是充斥着各种各样的商业机构名称，据说当时也出现管理部门收了钱就给挂上去的乱象。后来人民深感不满监管部门也觉不妥，来来回回几次大清理，现在也就给清理得七七八八了。我认为，地铁报站语音播报和出站标志也要来一次对商业行为的大清理。

顺便讲一句，现在地铁里头的广告也太多了，在这个把3D的活人挤成一维的照片的狭小空间，无论是图片图像声音无处广告不飞花，乘客早是怨声载道。地铁是否也有必要顺便清理一下呢？无论是什么样的广告载体总有容量之限，超过了民众可以接受的限度，那就会引起对相关产品和品牌的反感。这也是一个广告经营的常识。

（2012年6月9日）

湖来，不要胡来！

广州湖来了！《南方都市报》的报道说，广州造湖井喷，亚运后建成五大人工湖，今年还要开建6个人工湖。此外，与水有关的项目河涌整治类4个、人工沙滩泳场类5个，占据了今年城市建设亮点项目数量的近四成。根据初步统计，广州人工湖未来将至少达到14个，累计湖面面积很有可能超过12平方公里，相当于10个白云湖的规模。未来的广州将成为名副其实的生态水城。太好了！抓住了水这个纲，广州的城市建设就可以纲举目张了。诸君不妨沿北回归线转动一下地球仪，看看表示沙漠的黄色面积有多大，再看看绿色的面积又有多大就不难知道，北回归线上的大都市广州无论如何现代化，水永远都是第一位的，而广州近数十年来的迅猛发展，水系和湿地都遭受前所未有的破坏，大举造湖不失为亡羊补牢之举。所以不得不说，太好了！

在为广州将成为名副其实的水城叫好之余，一条同城媒体的报道给好心情蒙上了阴影。报道说，开放仅半年的海珠湖非议不断，先是“外来自行车禁止入内”“周边停车难”，近日又被爆出里面有个“私家”码头，停泊着“豪华游船”，平日“游客勿近”颇是神秘，但当有要客参观时，码头、游船即变身“领导专用”。据称“船舱内对放着两排太师椅，中间的长桌上整齐有序地排好招待用的进口水果和矿泉水”。海珠区有关方面随后回应称，该处是水文数据监测、水事巡查使用船舶的临时停靠点，也是防汛抢险水上救援应急备用点，不具备码头功能。啊？坐着太师椅吃着进口水果作业？不管是官员还是商人，这利益侵占的脚也伸得太快了吧！以后广州陆续修好的湖上，也会游弋着这样的豪华作业船吗？这船这太师椅这进口水果是否也打进广州的治水成本？

由此联想到另外一个问题，当局如此积极在广州大挖其湖，是失忆了的环保意识突然一朝复苏吗？什么水系，什么湿地，过去是从来不当一回事的啊！该填就填该堵就堵该侵占就侵占，什么时候犹豫过？有专家说穿了其中的秘密："地方政府已经看到了建造人工湖对土地价值的带动作用。"我恍然大悟，哦，原来人工湖可以提升地价，官方地说一句，是为土地增值。在土地财政成为地方财政的主要财源的今天，挖湖意味着什么昭然若揭。报道说，围绕着白云湖，广州已经规划了白云湖新城，政府部门参考2010年广州地区土地出让价格水平，预计白云湖周边的土地出让收益可接近300亿元。按照这个逻辑，广州的湖还会越挖越多。与豪华作业船相比，这是另一种难以看清的利益输送。

我想起了十几年前的房地产开发招数，在一块荒地中间挖个小水塘再加上小桥流水垂杨柳放养几条锦鲤，然后围着这个水塘建起一圈高楼，楼书上就可以大言不惭地写上：无敌湖景！搞不好现在的广州处处挖湖只是这个招数的升级版。

中山大学地理科学与规划学院教授袁奇峰提醒，人工湖的资源不能被房地产开发商独占，他举例说，花都区的很多水库其实都是很好的水体资源，但在房地产开发热潮中被开发商私有化。袁教授的话让我想起了芙蓉嶂水库。上世纪70年代我在那里下乡的时候，冬天的时候天天去这个水库游冬泳。那时候的芙蓉嶂水库真是山清水秀，森林完全是郁郁葱葱的原生态。十年前我曾特意回去看，结果心痛。原本植被浓厚的山头到处被水泥覆盖，一栋栋别墅依山而建，而绿色成了癞痢头上残存的头毛。广州一个个新挖的湖，逃得过芙蓉嶂水库的命运吗？

我不是天生的质问狂，但是经验总在不断地提醒我：这个城市近十数年来的确是形成了一种把好事做坏的恶习，大凡有好事总有人要插一脚把好事做坏。所以值此广州大举挖湖造福城市生态之际，我还是要不识时务地说一句：湖来，好！不要胡来！

（2012年3月29日）

决战同德围

最近从媒体上看到一个石破天惊的新概念：同德围模式。同德围之困还未解，模式已经出来了，好穿越啊。好吧，既然提到“模式”的高度，我的解读是，这意味着同德围解困，只许成功不许失败。没有理由要做一个失败的模式。对同德围街坊来说，解困的软件升一下级未尝不是好事。虽然只是一个预支的希望。

相比之下，《南方都市报》采用了另一种低调的报道方式：同德围的日与夜。借用了香港电影《天水围的日与夜》的概念，写了普通人在同德围普通的一天。看这篇报道里的那些画面，同德围还是那个样子，跟2004年我做同德围报道的时候，百姓之困还是那样的困。就这样，8年过去了。

说句心里话，我一直不敢重进同德围。因为我已经无能为力，而那里还是这个样子。我只是从同德围街坊的微博、从媒体的零星报道中去窥探同德围，希望可以看见一丝的亮光。但是我总是失望。虽然我也知道新一届的广州市政府正在努力为同德围的街坊解困。比如开了很多的会也修通了一条路。但是总而言之，同德围还是那个样子。孩子们仍然要早出晚归“远行”到老城区上学。老人还是要“进城”看病。唱K要“进城”，打球要去另一个“欠发达地区”瑶台。

而随着同德围之困在时间上的延伸，另一个不得不提出来的问题也萌芽了：认同感和归属感。同德围30万人口绝大部分是原住广州黄金地段的老街坊，但是因为地铁拆迁等原因现在被圈在离老城区只有咫尺之遥的同德围，却感觉不到住在自己的城市。因为当地的村民把他们当成“外人”，就更不用说由于住房成本比老城区低廉很多，同德围的“外地人”也越来越多起来了。世居广州，沦落到“独在异乡为异客”的心境之中，个中悲凉只有同德围的街坊自己知道。

这些年来广州一直在“冇鞋拉屐”地疯跑，一切都改变了。大家都说广州变漂亮了，变繁华了，变得越来越现代化了。但是同德围的街坊不但没有分享到城市发展的成果，反而被遗弃到一个连昔日都不如的角落。每个广州人都应该为这个打完斋唔要和尚的城市感到羞耻。那些巧舌如簧地把几十万人骗进同德围的人更应该承受良心的煎熬。我真的希望有人能够牵头，让新老广州决策人来一次集体“走进同德围”，诚恳地面对历史，面对现实，面对未来，经受一次良心的洗礼，该后悔的后悔该忏悔的忏悔，然后一起共谋同德围的未来。谁敢问一下当年是谁出的主意谁拍的板，把几十万人圈进这个只有一条窄路进出的“围”？！请问你敢走进同德围吗？同德围的街坊能不能从你们的良心中掏出“对不起”三个字？

此番以“同德围模式”为名义的同德围解困行动是一场决战，如果此役失败，同德围街坊的唯一出路就是卖掉房子用自己的双脚走出同德围了。同德围之困的荒诞之所以成为事实，首先缘于无视城市规划的常识，再就是利益的争夺令问题雪上加霜，还有就是对问题从漠视到积重难返最终束手无策。本届广州市政府决心啃下这个硬骨头，既需要勇气也需要智慧，绝不可以犯前任犯过的错误。我和同德围30万街坊一样，对此抱有无限的希望。我的忠告是：宁可慢一些，也要解决得彻底一些。千万要警惕商业利益的插手，一切以“解困”二字为目标。

希望2012年成为同德围的决战之年、希望之年。加油！

而且报道最后说，要确保2016年同德围通地铁。这正是我的观点：同德围解困的釜底抽薪之策只能是通地铁。

（2012年3月27日）

珠江两岸该长成什么样

《南方都市报》的报道说，广州市规划局下属编研中心昨日发布政府采购信息，对珠江沿岸整体城市设计方案进行公开招标，这意味着该地区未来的规划方案或进行微调。珠江沿岸的景观该设计成什么样子呢？这是一个很难想象的问题。难极了。因此这个方案值800万元。报道的原文是这样的：中标单位将对上述地区的珠江沿线现状进行调研分析，对珠江岸线功能布局进行研究，最终提出一个城市设计方案，并对沿线地区控制性规划进行调整，整个方案的规划编制费用是800万元。

之所以说这是一个很难想象的问题，是因为珠江两岸该长成什么样子，根本无参照样本可循。

很多年很多年之前，珠江两岸的样子与其说是规划设计而成，不如说是在漫长的岁月中自然而然地长成。就跟婴儿粉嫩的圆脸、少女纯真的笑脸、老太婆皱纹深刻的老脸一样，既不是设计的结果也不是描画的结果，所有的力量只是岁月。

翻看广州老照片，真正属于广州城市景观的珠江两岸的岸线实际上很短很短，大概就是从白鹅潭到二沙岛这一带。记得小时候去员村、黄埔一带游玩，江边的景色与乡村无异。而真正属于广州城市景观的珠江两岸也没有什么城市景观可言，最早的年代是河滩和相隔不远的一个个埠头，人们可以在埠头下网，小艇可以在埠头靠岸接送客人装卸货物，到后来起了防波堤之类的东西，又加上了围栏，基本变成了现在这个样子。那时候也没有什么灯光工程，一到入夜之后，珠江上渔火点点，虽然没有现在灿烂，倒是比现在看起来要浪漫得多。

和城区里头有骑楼街西关大屋满洲窗趟栊门不一样，珠江两岸的城市景观设计，历史基本上帮不上什么忙。

很多年之前，有人曾想把珠江建成广州的塞纳河。巴黎就是巴黎，广州就是广州，广州凭什么要在地球上再建一处山寨的塞纳河风光？同理，广州的珠江两岸也不能建成泰晤士河、尼罗河和曼哈顿。外国的货板也帮不上忙了。

隐隐约约还曾经听说广州的珠江两岸景观要做上海的外滩。但是外滩边的一排排雄伟建筑有“万国建筑博物馆”之称，对岸有密密麻麻的新建筑群和东方明珠。广州没有啊。国内的货板也帮不上忙。

所有的想象都要有现实的依据，但是广州珠江两岸的城市景观设计没有。如果要有的话，那就是现状。而且所谓珠江两岸的城市景观我的理解是不单单是河道、桥梁、河岸，其实最重要的是两岸的建筑物，而恰恰是珠江两岸的建筑物至少在几十年内不可能连片拆掉重建。因此可以做的事情，也许就是禁止一下两岸的霓虹灯广告，给几座大桥换个颜色，给两岸重点区域的现有建筑物做做色彩管理，再调整一下现有的灯光工程，顶多在沿江一些节点上做些景观小景。大概就是这样了。

至于什么是广州特色，如果调整得精细了就是广州特色，如果还是要把某座大桥刷成粉红色，那就真的不敢恭维了。这是疯子干的事情，连稍稍附庸风雅的人都不会这样干。

顺便说一句：无论是白天看建筑物外墙还是夜间看灯光，广州的城市色彩管理真是糟透了。对于珠江两岸的城市景观新规划实在不敢抱太大的希望，能够把色彩做好就成了。毕竟这只需要一些色彩常识而不太需要想象力。

（2012年3月17日）

保护老城，嘴硬手腕也要硬

今年1月6日公示的《广州市历史文化名城保护规划》第一次系统、明确地划定了面积20.39平方公里的广州历史城区范围，对区域内的建筑高度进行了限制，并提出需重点保护的四片典型骑楼区。

但几处位于历史城区、骑楼保护区的开发项目却在春节前后抓紧拆迁或动工建设，且要建二三十层高楼，严重超出规划中限高6—10层的规定。

同福中路一段骑楼街也在拆迁范围之内，它的东面有六七栋两层民国建筑，与骑楼街相连的几栋，门口还残留有骑楼廊柱。这一段本来也是骑楼街，街坊称是被日军炸毁了只剩下柱子。

现在好了，不用劳烦日本仔来炸了，全部自动消失。

刚卸任的广州市规划局局长、现任广州市副市长的王东几天前对媒体说，广州具有岭南风格的骑楼街不可多得，也不可再生，做这些规划的目的就是保护它们。王副市长还说，广州各级领导的立场很坚定，有矛盾或者拿不准的时候就先留着，这是原则。王副市长又说广州今年想立一个法，让够不上文物级别，但确实对城市记忆有较大价值的建筑，能有法律来保护。王副市长还透露，广州2004年就开始做《广州市骑楼街保护与开发规划修编》。但网上检索的结果显示，这个项目还没有正式推行。

看来是有人要和广州的这个老城保护规划抢跑而且还抢赢了！

以前拆骑楼拆老房子说拆就拆了，拆得合法，哭都没有法规根据，而现在快要有规划了，他就给你来个带球过人强行突破，抢拆抢建。他抢到的是钱，抢走的却是不可复原的广州旧貌，而且是残存不多的旧貌。

如果这些即将出台的规划和办法是个人，他一定会对着这段骑楼的断壁残埴泣不成声：对不起，我来晚了一步！

我还想起了西湖路大佛寺拆骑楼建绿化广场的悬案，现在也不知道怎么样了。

毋庸置疑，要拆骑楼有一千一万条理由，不管是商业发展还是公共建设，但是广州残存的骑楼成街的可以说基本没有了，只是“短阕禾虫”般地残存一段，哪怕就是这样的残缺的骑楼“街”也是屈指可数了。可以说是拆一段少一段。

骑楼的命运之所以如此不堪，原因只有一个，骑楼街基本都在老城区旺地。白云区、天河区、旧芳村区等之前的城市边缘地带哪儿有什么骑楼。正因为如此，傻瓜都想得到：拆骑楼有发达。

而一个光想着发达的古城是不能发达的。广州这头要建设人文城市新型城市，那头却看着强拆骑楼抢建高楼束手无策，真是遗憾至极！是啊，你的法规文件还来不及出台他已经动手抢拆抢建了，有什么办法?

其实对于骑楼等广州老城建筑的保护，民间和有识之士数年来呼声一直很高，媒体也几乎是有闻必报，但是呼吁归呼吁，痛哭归痛哭，要拆的几乎是一间没有少。对于享有“开明”声誉的广州来说，这实在是一个极大的讽刺。没有办法，钱的力量太大了。什么两千年古城、什么文化大市强市都是浮云。

往事不可追，追也追不回。已经拆掉的不可能复原，已经抢建的也不可能拆除。只是希望广州新一届的领导班子从此不仅要嘴硬，手腕也要硬。广州七零八落的老城区“遗迹”只有用非常强硬的手腕才保得住。今天您得罪几个人，明天广州的子孙万代铭记您对这个城市的大恩大德。您不是一个人在战斗，民心一定在护城而非拆城！

各位街坊，尽管我们做了很多收效甚微的事情，我们必须坚持。因为我们爱广州，因为我们是广州人！深圳有一句很动听的口号，叫“来了深圳就是深圳人”。我希望在保护广州老城区遗迹的行列中，有越来越多来了广州就是广州人的街坊。

（2012年3月16日）

如何告别千城一面

城中媒体报道，广州公布了老城保护规划：《广州市历史文化名城保护规划》开始公示，规划规定了两大山江景观视廊的建设将被严格控制，四片典型骑楼区将得到重点保护，此外，规划还对历史城区内的建筑高度进行了控制，在核心保护范围内，新建住宅不超过4层。迟到好过冇到，在广州老城被拆得七七八八的时候，终于以急诊级别得到了临终关怀，令人欣慰。

媒体报道说，广州旧城历史风貌主要形成于1949年以前，进行公示的这个老城保护规划就是以这个年代为界的。以前好像成文不成文的规定都是辛亥，不是大清王朝或者大清之前王朝的建筑风貌没资格享受保护，从这个角度来看，这个公示中的保护规划的确是进了一大步。加入有秋后算账这一说，你说过去20年广州老城多少老房子老街区被误杀，不是错手误杀，而是错误地被判了死刑。所谓旧的不去新的不来，所谓先发展后保育，历史经验已经证明，这样的观念是最大的错误。而这，不是失误。

那么，究竟是谁铸成如此大错？掰着手指头，你会发现，谁都不是。没有一个有名有姓的人。无论是官员还是平民，似乎没有谁要为任何一块被冤枉拆掉而死于非命的老砖负上半毛钱的责任。但，似乎又谁都脱不了干系。在过去很多年，大小官员被念着GDP的紧箍咒，老房的业主租客有改善住房条件的需求，开发商需要老城中心的黄金地段，直到现在，刚富起来的人们，也依然把置业目标首先锁定在老城区……毫不夸张地说，老城区是逃不过被拆得七零八落七荤八素这个历史劫难的。这样一场劫难，不单广州一座城市在经受，从北到南，几乎所有的大城小城都在经受，无一幸免。

不过，广州终于觉悟了。从历史文化名城保护规划公示开始。也许现在已

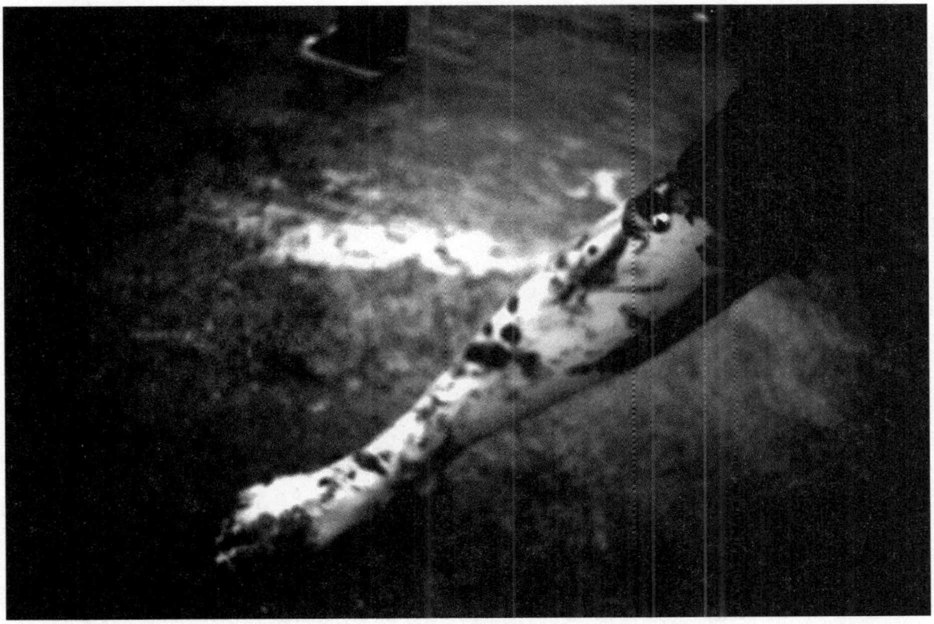

经拆无可拆了，也许确实自知如果再拆下去就要背上千古骂名了。也许，就是一种城市文化精神的觉醒。究竟什么原因让广州出台这样一份老城保护规划，我无从判断，但我可以当机立断的是，这确是一件从江湖到庄堂皆大欢喜的好事情。

我们看到，这个老城保护规划第一次系统、明确规定了广州的历史城区范围，面积为20.39平方公里。这实际上是对老城老街区的建筑文化资源做了一次系统的盘点，其亮点在于，不拘泥于一房一街的保护，而是将20.39平方公里统统置于保护圈内，并同时以控制新建筑物的高度为手段，让广州老城区的天际线尽可能地与千城一面的宿命告别。这是迟到的远见，但依然值得称许。

怀着酸甜苦辣各种心情称赞了一番，最后我还是要对这个老城保护规划稍稍表示一下不足：综观全文，保护的手段在哪里？万一有人拆了不能拆的，怎么办？万一批准了建超高建筑的是大人物，谁敢说不，又如何执罚？万一以后广州要开宇宙运动会，会有法外开恩的例外吗？总之，不是我不愿意相信，只是可以相信的规划，实在是太少了！

（2012年1月9日）

无敌最寂寞，广深都莫急

广州一直在跑，一直在寻找自己的定位。这是一件很有意思的事情。最近在一个论坛上，北京大学教授陈平原告诫：深圳是广州强有力的对手，广州不可小看深圳这个后起之秀。陈教授认为，表面随和、实则自尊心很强的广州人，欣赏乃至崇尚香港，但不一定看得起深圳。我不知道陈教授这个感觉是怎么来的。今天“早茶”就与各位闲谈广州与深港还有珠江三角洲城市群的关联吧。

广州高层对深圳的看法如何，我们小民无法触摸到。但就广州人的民间心态而言，我反而觉得不存在看不看得起深圳的问题，而是根本就和深圳没有什么交集。广州人欣赏香港不但因为香港是个国际大都市，更因为广州与香港同声同气，真真正正的常年亲戚来来往往，了解多了，人家又的确是先进，自然看得起自然崇尚。而深圳只是短短30年历史，满城精英来自天南地北，连银行都和我们没有关系，敬而远之，或者无所谓敬不敬但远之恐怕是情理之中的事情。

倒是广州自己好玩。先是自卑地把上海当成假想敌，谁说广州不如上海就和谁急，后是不知道是谁提出谁是中国的第三城的命题，有点自信地又有点不自信地和天津飙上了。现在又来一个深圳，其实我的问题是：广州需要对手吗？无敌最是寂寞。广州远远没到这个境界。

要是说抢风头的话，小小的珠江三角洲的城市群里头，能抢尽广州风头的城市也许没有，但能在某个方面抢走广州所有风头的城市有的是。佛山、顺德、南海（当然顺德、南海归佛山管）、中山、东莞，哪个地方的发展空间不比广州强？顺德只是佛山下辖的一个区，广州的哪个区可以跟顺德比？北滘只是顺德的一个镇，广州的哪一个镇或者区敢跟北滘叫板？不要以为广州的那点文化就比顺德强，不管是传统文化的保育还是工厂企业的歌唱大赛，我敢说广州肯定比不过顺德。当然，大学还是广州多，我们说话要实事求是。但广州的大学也比深圳多啊。话说到这里就清楚了，单独把珠江三角洲两个最大的城市深圳、广州抽出来做一个谁抢了谁的风头、谁是谁的对手这样的论述几乎是没有意义的。包括广州、深圳、香港、澳门在内的珠江三角洲的现状已经是一个城市群落——世界上最大的城市群落之一。

说到底，就一城而言，广州的优势只是枢纽，大而化之地说就是南中国人流、物流、信息流、资金流的枢纽。这点无论是香港还是深圳都不能独家取而代之而只能够大家一起玩。至于那些两千两百多年的历史在现实经济的发展进程中是几乎没有什么意义的。香港没有你北京路那条千年古道一样繁荣，深圳没有你的那座城隍庙、没有恩宁路骑楼街照样兴旺发达。

但是事情正在发生着变化，准确地说，珠江三角洲的城市群落大格局正在发生最重要的变动——南沙规划。一旦南沙的规划远景实现，广州市北靠清远南跨虎门连中山接惠州，要说势力和风头，深圳就真的难望广州的项背了。现实就是现实，城市与城市之间也许根本不存在谁看不看得起谁的问题，只有谁有实力被人看得起的问题。

其实要是说崇尚香港的话，30年前的深圳就真的对香港崇尚得不得了。好像人人潜意识当中未来的深圳就是当时的香港。看的是原汁原味的香港电视，听的是原汁原味的香港广播，讲的是不咸不淡的香港话，高级的宾馆酒楼里花的都是真金白银的港币。30年后我到深圳来工作了，我惊奇地发现了这个城市已经有了一种内生的保守性。与香港一河之隔，但是没有半点香港的味道。大小酒楼食店播放的都是内地的电视节目，香港人开的茶餐厅除外。几乎听不到粤语，各种公共服务窗口后面的脸孔的那种冷漠、语气的傲慢、办事效率的低下，等等，完全像回到了20年前的内地。就文化和生活方式而言，深圳对香港可以说是油盐不进。对于一个标榜时间与效率的经济新城市而言，没有两千多年的城市历史不是问题，问题在于这个新城市没有在建起雨后春笋般的高楼大厦的同时，逐步建立属于自己城市的价值观和得到普遍认同的生活方式，就开始自我封闭和走向保守了。因此我不认为深圳能够抢走广州多少风头——其实我很不喜欢“抢风头”这种表述——相反，我觉得从长远看，夹在香港和广州之间，深圳的模样会越来越尴尬。当然，抢走广州和香港的一部分生意，深圳做得到。抢生意和抢风头毕竟是两回事。

与高速发展后的深圳的自我封闭相比，务实低调的广州也开始变得越来越自大和孤傲了。从这个角度看，我也不觉得广州面对深圳会有多大的竞争力。自大和孤傲的本质也是保守。总而言之，每一个城市都有其不为别人左右的自身的发展轨迹，在其漫长的发展进程中也会慢慢地生长出修正自身发展轨迹的能力。谁都没有必要着急，急也使不上劲。Time tells，时间将诉说一切。

（2011年11月16日）

种城时代

南沙来了！最新公布的南沙新区总体概念规划综合方案，打算将广州沙湾水道以南原属于番禺区的大岗、榄核、东涌三个镇划归南沙。当然，原来南沙本来就是番禺的一部分。社科院的战略研究方案还显示：未来40年内南沙新区将“吞下”番禺，扩容近3倍，进而将东莞的虎门和长安、中山的黄圃和三角及惠州的龙门等地纳入怀中。若然这个战略研究方案能够实现，40年后，源于农耕时代的珠江三角洲的概念会逐步消解，而代表着“中国城市发展的一个新的里程碑”的新南沙大南沙将如鹤立鸡群般地崛起！当然这只是我的想象。

且让我闭上双眼想象一下40年后的大南沙。从虎门大桥出发，这边南沙新区面向大海，北行是顺德、广州；过虎门大桥南下拐个弯是惠州龙门，背靠大山，南下直行是深圳、香港！那时候的大南沙将名副其实，什么广州深圳都不在可以较量的级别，届时的南沙比谁都大，而珠江三角洲也因此而消失得无影无踪了。那时候的南沙不但会是珠江三角洲地区的地理中心，而且会成为珠江三角洲地区的交通枢纽，珠江三角洲地区的城市组团的中心，也许那时候省府真的是要搬到南沙去了！

直到上世纪70年代末80年代初，所有火车在即将到达广州的时候都会响起广播：列车即将到达祖国的“南大门”——广州，广州是祖国南方最大的城市……直到深圳出现之后，对广州“祖国南大门”的称谓才告一段落，取而代之的是广州与深圳到底谁是广东的经济中心、金融中心等不可能有结论的无谓争执。现在好了，南沙崛起，一览众山小，各归各位。

此事的另一个方面是番禺会不会更加边缘化。毫无疑问，自从划为广州的一个区又划出了南沙之后，番禺作为原来号称南番顺的珠江三角洲的一只鼎

足，地盘在缩小，名气在消退，大南沙崛起之后的番禺成为南沙新区与广州老城之间的过渡地带，同时还要时刻面对被并入南沙的前景，未来的十数年间番禺之何去何从，是一个难度颇高的历史命题，身不由己是最大的挑战。

写到这里突发遐想，当初为什么不把南沙留在番禺，让现在的大南沙计划放在番禺的大棋盘上来纵横呢？也许这样不碍南沙大事，也给了番禺一个巨大的历史机遇，至少可以避免番禺地盘滚水淥猪肠两头缩，发展两头不到岸的尴尬。当然，这只是我的又一个想象。

农耕时代的珠江三角洲风调雨顺物产丰饶，这块地方被誉为将一根扁担插在地里都会长出一丛竹子的风水宝地。后来改革开放工业化了，这块宝地又被称为是种钱的天堂。“三来一补”开工厂做生意，诞生了多少商界的风云人物。如今城市化的热潮神州涌动，珠江三角洲又成为了一块种城的宝地。

城市也可以种吗？是的，城市也可以种。君不见，这30年来珠江三角洲不但高楼大厦如雨后春笋般涌现，城市也在犹如雨后春笋一样地拔节吗？深圳以前是一个小渔村，后来种成了一个大城市。南沙原来只是一片寂静的湿地，现在也开始种城了。这是一个种城的时代。

我想起了网上广为流传的一个段子。春天的时候找块地挖个坑把情人埋了，到了秋天就会长出好多好多的情人。一个给自己捶背，一个陪爸爸妈妈吹水，一个给自己做饭，一个陪自己逛街给自己埋单……

（2011年10月14日）

文化公园可以没文化吗

《南方都市报》的报道说，争论了十年，广州文化公园终于在2011年被决定不改名了。报道说，今年6月，广州市副市长许瑞生到文化公园调研，荔湾区区长当众承诺，文化公园名字不变，永远不变。永远？我是不太相信永远。

文化公园从1951年的原型“华南土特产展览交流大会”，到“岭南文物宫”，再到1956年借鉴苏联的高尔基文化公园而改建成“广州文化公园”，三次均有着特殊的历史背景，三次都由老一辈革命家叶剑英提名。元帅亲自决定的名字都险遭无效，世界上还有什么永远可以让人相信？

广州文化公园曾经是广州人最重要的文化记忆。昔日文化公园的中心台真是名副其实的广州群众文化活动的舞台中心。能够在中心台演出一场那是无比的荣耀。比如我就曾经以红领巾合唱团的一员的身份在中心台演出过一次，终身难忘。更加不要说名扬海内外的粤剧大老倌了，没有在中心台演出过，谁敢称自己是粤剧精英？艺术植根于草根民众之中，文化公园的中心台是最好的历史例证。

除了中心台之外，每年的菊展也是当年文化公园的一年一度的盛事。文化公园的棋坛、讲古台、水产馆等都是老广州人记忆当中与这座城市的新生相关的无法抹去的记忆。一言以蔽之：广州老百姓的文化都在文化公园了。

日月如梭时光荏苒，广州到了被人扣上没文化的帽子的时代了，而文化公园所在地曾是十三行夷馆，这个历史的交会点让人们不由自主地想起了赚钱。有专家提出，在文化公园内建一座十三行博物馆。还另有方案提出要把文化公园建成规模更大的“十三行主题公园”，除了整个文化公园外，还包括人民南路，直到沙面和珠江边。也许这就是文化公园改名不改名的争论由来。不管怎么样，现在的文化公园正在枯萎，这是不争的事实。文化公园对面的南方大厦早已沦为数码市场，原来四乡来客必到的百货大厦变成几乎独沽一味只卖手机，而人民南商圈的萎缩更是在人气上给了文化公园致命的一击。现在的文化公园给我的印象就是附近的老人小孩可以在里头走走，各路食客可以在边上的茶楼酒馆吃吃喝喝消消夜拍拍拖的这么一个地方。

随着荔湾区西关片区的改造重建，文化公园这块一度消停的黄金宝地将再度火红，这是再清楚不过的事情。现在决定"永远"不变的名字，并不等于这里永远不变的样子和功能。文化公园曾经举行新闻发布会，强调未来会以"十三行文化"充实文化内涵，不会"赚钱先行，忽略文化"。忽略不忽略之事先不说，因为文化之被忽略已经是开眼的人能看到、闭眼的人也能感受得到的现实，我就不信文化公园可以独善其身。我只是希望改造后新生的文化公园不要以文化之名忽悠就好。

诚然，老婆饼里头没老婆，狗头粽里面也没狗头，文化公园里头要不要有文化，大有商榷的余地。但是作为一个公园，她必须首先是属于全体市民的，我觉得这点没有讨论的余地。公园的树头榕荫必须是老人可以安全自由地行走，小孩可以无忧地嬉戏，而不是变作停车场；公园里的空间，必须是哪怕最贫苦的市民都可以放心地享用而不必在一座座须购票的这馆那馆门前止步。衡量广州文化公园的改造成功与否标准比较简单，如果广州市民还能够像过去那样热爱文化公园，不可一日无此君，这个改造就是成功的，反之，只有商人叫好而市民望而却步或者干脆连望都不望直接忽视的，这个改造就算泡汤了。

（2011年8月17日）

岭南建筑，建议也选丑

在每天都像白雪一样纷纷扬扬飘洒的新闻消息中，这条消息应该是一朵最不显眼的雪花——落地就化。《南方都市报》的报道说，广东省住建厅宣布，将要举办一场岭南特色规划与建筑设计评优活动，通过申报和评选，挑出当代具有岭南特色的典型建筑并颁发奖章。哦，建筑也要选美了！

我的理解是岭南建筑是岭南文化重要的组成部分之一，老的岭南建筑都在拆啊拆啊拆之中不知不觉地消逝得七七八八了，岭南大地上新的建筑物与国内好多大城市中的好多建筑物一样，都长着一副顶级垃圾的样子，每天都是那样不知羞耻地矗立在阳光下，张扬着无知无耻的气派。有洋人毫不客气地指出，中国已经变成了世界上最大的垃圾建筑集散地。这番话有没有偏见各位自有评说，但是中国是世界上新建筑最多的国家应该是无可争议的现实。现在广东要搞岭南建筑选美了，太好了！要选美是为了弘扬美，当然也是因为面容丑陋且不好用的建筑物实在太多了！城市的天际线，城市的面貌因为一座座从样貌到功能都乏善可陈的建筑物而日益变得令人生厌甚至生恶，而建筑不像衣服，不喜欢了马上可以换一套，每一座的丑陋建筑一旦建起，在那旦一杵就是几十年上百年，您说要恶心多少人才到它们寿终正寝的那一天！

一千个人的心目中有一千个哈姆雷特。岭南建筑在我的心目中既是灵动的纤巧的舒展的浪漫的，又是极为舒适实用的。说园林有四大名园啦，说民居有西关大屋啦，说公共建筑有爱群大厦、广东科学馆、中山图书馆、矿泉别墅、白云山双溪别墅啦……哦哦，数都数不完。数完之后才觉落寞：最近的十年八年的确是广州城市建设史上建筑物最如雨后春笋般涌现的年代，但是可曾出现过哪一座可以称得上是岭南建筑代表作的建筑物？冇。

说起岭南建筑不能不提骑楼天井，不得不讲通风遮阳。但是不讲犹自可，一讲几把火。骑楼拆少见少，小时候骑楼驳树阴，只要不是倾盆大雨都可以“闪着走”，而夏日炎炎季节，骑楼下树阴中更是胜似天堂。现在骑楼不是没有，借用气象台的话来说，是局部。树也不能说没有，都是不能遮阴的小树，哪怕长大了也不能遮阴的不知什么树。甚至公共汽车的候车亭也用透明材料来打造，站在棚底下同直接在阳光下暴晒毫无区别！

说到建筑有一句名言大家都很熟悉——建筑是凝固的音乐。想象自己是一只飞鸟穿行在广州的大街小巷，盘旋在各大著名中轴线和CBD，巡航在云山珠水之间，这只大鸟会看到什么，听到什么？

写到这里我忍不住提议，在举行岭南建筑“选美”活动的同时，能否考虑同时进行岭南地区的建筑“选丑”，把那些最丑陋最无厘头最不实用的建筑物选出来，在设计师尤其是设计师的甲方的档案里放进一个入选岭南地区最丑建筑的档案记录——其实所有的建筑不管美还是丑都是直统统地“栋”在天地之间，有没有档案记录都一样。老百姓心中自有一杆秤。

（2011年8月10日）

灯光夜市象征什么

近日，番禺市桥城区步行街灯光夜市撤出，引发了媒体的关注，很多市民担心灯光夜市从此在广州销声匿迹。《南方都市报》报道，广州最早的灯光夜市1984年诞生在越秀区西湖路，随后观绿路、陆居路等灯光夜市相继涌现。随着城市管理的需要，广州灯光夜市改造的改造、关停的关停，有街坊不禁会问：素有“不夜城”之称的广州还有灯光夜市吗?

曾经有领导宣称，在广州的某新建区，要用咖啡店代替大排档，要用品牌连锁店代替士多，按照这个思路，灯光夜市在广州的彻底消失是迟早的事情。在这些城市的领导者的眼中，几个老友坐在士多前的小桌，每人面前摆着一支沙士汽水谈天说地，在大排档消夜欢聚等都是落后的象征，只有格调小资的咖啡店，进出都有叮一声的门铃“报警”的冰冷品牌连锁店才是现代化城市的象征。不得不说，虽然他们也吃五谷，他们也不是这个城市的上帝，但他们还是觉得自己太无所不能了，无所不能到要彻底改变一个城市的容颜，改变一个城市老百姓的生活方式。

其实一个城市总有它的历史和习性。是大排档还是咖啡店，是灯光夜市还是大型购物中心，完全是历史形成的结果，也是现实市场选择的结果。老城区里头，本地土著多一些，那么士多、大排档也自然多一些，灯光夜市何妨也让它多一些，反正既不影响城市景观，也可营造美好的城市心情；而新城区里，如果市场容量够大，那就尽情地建咖啡店呗，五步一咖啡店十步一酒吧一百步一家夜总会，话之佢！开得下去自然越开越多，开不下去，自然滚水淥猪肠。没有问题啊。

还有一点不得不特别说的是，一个城市必须给低下阶层人士留足包括消遣空间在内的生存空间。广州现在的城市人口1800万，很快就要达到2000万了。据说广州未来的城市空间将按照2000万人口来规划。那么各位领导就必须心中有数了。这2000万人口当中，有多少是喝咖啡的，有多少是喝汽水的，有多少是要在大排档或者粥粉面店消夜的，有多少是天天晚上泡夜总会卡拉OK的。当然，也要知道有多少是逛灯光夜市的，有多少是流连于大型购物中心的。广州号称要建宜居宜创业的城市，但是不能只让金字塔中上部分的人宜居宜创业，而刻意让金字塔中下部分的人活在这个城市中无所适从。这是一个城市的原则。

从表面上来看，广州的确是患了光鲜强迫症。晚上要照得很亮很亮，但是很多地方的路灯却照不亮人行道，白天也要很亮很亮，甚至把老房子的砖缝青苔都要清理得干干净净涂上粉红粉绿粉黄，大排档要赶走，夜市要萎缩，咖啡店成为国际化的标志……但，这确实只是表面。这一切的本质是远离底层市民。

报纸媒体平民百姓都在怀念上世纪80年代的灯光夜市。那时候的灯光夜市光照中华，不但因为那是广州作为改革开放前沿城市的象征，也因为那是一个贫富还不算太悬殊的时代。平民百姓的生活空间还是收放自如的，在那时候的广州，无论是刚刚看到富裕曙光的市民还是依然在底层度日的百姓，在这个城市里生活都可以用“如鱼得水”四个字来形容。

人们总是振振有词地说，社会是进步的。但是一个正在进步的社会，应该是所有人都能够在进步中各得其所的社会，而不是公共资源不断地只向社会顶层人士倾斜而底层人士生存空间越来越挤逼的社会。灯光夜市的灯光的明灭说到底只是一个广州城市正在向何处去的象征。

（2012年8月31日）

第三章　盛宴挡不住叹息

没有人会在一个陌生的城市里感受到安详和宁静，在熟悉面目的场景不断被抹去，陌生的环境像布景一样升腾起来的地方过日子，内心那份彷徨更是非亲历者不能言说——不幸的是，很多广州人在近一二十年里正是这样的亲历者。

凉茶铺要有火气

《南方都市报》的报道说，这个夏天，广州的凉茶铺全面退居二线，不少店铺都从繁华商圈撤至住宅区菜市场，很多街坊买凉茶不再像过去这么方便了。这个夏天依然热，而凉茶却开始变凉。唉！流“金”岁月，传统广州又少一样好东西。

广州的凉茶可以说是名声在外，用时髦的话来说就是广州的一张响当当的金灿灿的名片。外省人可能不知道广州的牛腩粉，但一定知道广州的凉茶。这张名片的响亮度我看绝不亚于广州的老火靓汤和生猛海鲜。只是若干年后的中国人可能只能认为凉茶就是装在易拉罐里头的有点甜也有点苦的饮料了。而承载凉茶的实体——凉茶铺，将逐渐芳踪难觅。

怎么办呢？向政府喊救命？一定有人跳出来大骂，市场自有无情定律，凭什么喊政府救凉茶？旧的不去新的不来也！呼吁市民多到凉茶铺喝凉茶以撑广州传统？民众若有足够的消费力量顶住，凉茶铺就根本不用退守了。听任凉茶铺零落如泥碾作尘只有香如故？让我们这一代广州人还有喝着凉茶长大的八零后九零后的广州人情何以堪？事到如今，这碗凉茶不管是烫嘴的还是冰冻的，不管放糖不放糖都真的难以下咽。

如果凉茶铺还是维持原来的经营模式，哪怕因为铺租人工灯油火蜡原材料样样涨价而撤出繁华地带退居二线，我看还是要继续阴干。几乎和世界上所有的生意一样，假如没有改变，结果总会令人绝望。如果要有希望，我寄希望于广州凉茶铺的自力更生，凤凰涅槃。

无论是在广州还是在香港，我们都不难看到繁华商圈的街头转角处会有一些说不清性质的卖饮料的小铺，这些地段也是寸土尺金，小小的铺面出售的饮

料五花八门，有罐装瓶装饮料，也有鲜榨果汁，当然还有凉茶。这或许可以成为一条创造广州凉茶咸鱼翻生奇迹的思路，当然是之一。

其实广州的凉茶铺早已经是告别了一把大铜壶两个老人家的经营模式而开始了现代商业模式运营。有的凉茶铺加盟店甚至多达一两百家。只是经营品种单一，品牌鱼龙混杂，也不排除还有内耗，势单力薄终于走上了萎缩末路。就凉茶说凉茶，且不说几千年来广州人自小喝凉茶的传统生活方式，光是看看王老吉与加多宝在全国市场上商战的血腥厮杀，我们就可以毫不犹豫地得出结论，凉茶凉不了！套用一句房地产新闻中经常看到的术语：刚需啊！问题只是店面如何维持。作为广州传统生活方式代表之一的凉茶，罐装的在中华大地攻城略地，反而本土上的实体凉茶铺日薄西山，这个发人深省的现实可以写成一章饶有趣味的商业教材。

凉茶要热喝还是摊凉了喝还是冰冻后也可以喝？估计今天的人们不会如此地考究了。以前的老人家教落，岭南“地湿水温”，水质偏燥热，身体易“聚火”，这使得凉茶代代相传，历久弥新，而凉茶要趁热喝才能清热解毒。“趁热喝”三个字已经给了凉茶铺在广州街头生存的充足理由。问题在于，小小的凉茶铺，如何做得起横扫千军如卷席的市场推广，告诉民众凉茶要趁热喝？

无论如何，亲爱的凉茶铺，假如你自己不改变，没有人会可怜你的寂寞，假如你自己不成长，没有人在乎你的消失。广州的凉茶铺要有火气，要扎起！莫愁前路无知己，天下无人不识君。

（2012年8月22日）

海珠大戏院因弃而衰

海珠大戏院，在时代的喧嚣中寂灭。《南方都市报》这则关于海珠大戏院兴衰的报道，题目做得真棒。当然，报道的内容也棒，发人深省。

有传统没有未来，这是很多所谓传统——包括吃的传统、穿的传统、建筑的传统和文化的传统的宿命，至少看起来如此。很多人对传统的兴致勃勃，其实只是打算利用传统来赚现实的银纸，一旦竹篮打水，传统便重新打回一文不名的原形，甚至比起从前更加糟糕。这不只是海珠大戏院一家戏院一个行当的故事，天下杨梅一样花。所以我诚挚地向各位打算利用传统来发财的大小财主推荐这篇报道，并且诚挚地促请他们赶紧断了这个念头，让传统孤独地能活多久就活多久，而各位也抓紧时间去赚别的钱去。

出身金贵，曾经在上世纪二三十年代，贵为“戏霸”——白驹荣、马师曾、薛觉先等粤剧名伶，无不以在此表演作为身份象征。坐落在灯红酒绿人流如织的娱乐黄金宝地——长堤，海珠大戏院没有任何理由输得这么惨！但事实上，这里已经成为了娱乐业投资者的杀猪刀。从今往后，谁敢再碰海珠大戏院？

生于清光绪二十八年（1902年），与珠江相望110载的海珠大戏院，就辈分而言，谁与争锋？但是传统文化的含金量不等于现实中可以兑现的支票，海珠大戏院还是在近几十年的广州城中沉浮，一再关张，又一再开张，放过电影，做过“魔立方商旅剧场”，也做过“岭南大舞台”，而两年不到，又寂然死去，给那位来自湖南的老板留下了半个亿亏损的此恨绵绵。

可以毫不夸张地说，海珠大戏院除了没有坚持做好粤剧，什么都做了。2005年12月，海珠大戏院以“魔立方国际商旅剧场”的身份重新开门纳客。据报道，为此广州市委、市政府斥资1500万元。这个项目失败之后，某文化传播有限公司，号称投入5000万元一次性取得了海珠大戏院30年的经营权。无论是行政权力还是私人资本投资，海珠大戏院都已经享尽荣华。都说没有钱万万不能，但是海珠大戏院的一路没落，却恰恰印证着这句话往往为人所忽略的前半句：金钱不是万能。而且还补充了另一个相类似的真理：权力也不是万能。只能够哀叹：无边落木萧萧下，不“见”长江滚滚来。

请允许我展开想象的翅膀，去假设一种不可能。假如海珠大戏院咬定青山不放松，一直坚持做粤剧到今天，会怎么样？也许会有一段不堪回首的寂寞坚持甚至沿街卖唱，但是我相信也许坚持到今天就可以看到峰回路转的曙光了。毕竟时至今日，无论是政府还是民间，对于传统文化的价值和市场操作能力都与时俱进了，与2005年相比更是不能同日而语。

另一个同样无法验证的假想是：假如那个文化公司用现在打了水漂的那半个亿在这个戴着粤剧戏院皇冠的剧场里去认认真真地做粤剧，也许也不至于颗粒无收。至少可以成为到广州的旅游团的必选项目，就像去北京看京剧、去天津听相声、去苏州听评弹一样。

海珠大戏院因粤剧而名，因放弃了粤剧而衰，这就是这个故事的全部。写到这里，心都凉透了。尽管我完全理解，在霓虹闪烁红男绿女潮涌羊城的这条短短的长堤，要坚持做粤剧是何等的难，要商人们遏制住自己赚快钱的冲动更是难上加难！

我想起了一个故事。一个画家感叹道：我画了一天的这幅画竟然用了一年的时间都卖不出去！一个商人答道：您试着倒过来，用一年的时间来画一幅画，结果不用一天肯定能够卖出去！画家从之，结果：然。我觉得这位商人才是真正的商人。

（2012年8月29日）

放邮筒一条生路

城中媒体报道说，广州有街坊反映市区有不少被废弃的邮筒，还有街坊甚至认为邮筒已成为鸡肋，还要花钱维修，不如撤掉。而邮局方面的回应是，广州市区共有1500余个邮筒，虽然近年来邮筒的私人信件已经急剧减少，但商业信函增加很多，总体信件数量并未减少。按照《邮政普遍服务标准》规定，在广州市区平均每0.5公里就有一个邮筒，郊区每1公里也有一个邮筒，邮递员在投递信件中会注意观察街头的邮筒是否完好无缺，若有缺损会报告给专门的维修人员进行维修。不过同一篇媒体的报道揭露说，广州市可以见到有邮筒底座铁皮锈烂，邮筒的门长期被打开。邮筒的去留于是就这样成了话题。

现代人毫无疑问对邮筒的依赖已经逐渐解除。因为手机已经超过人手一部，很多人出门都是带两部手机了，还有QQ、YY、微信、电子邮件等层出不穷的网上通信手段，文字语音视频应有尽有……要在广州找到一个几十年没有往邮筒投过一封信的人太容易了，我就是其中的一个。但是这不是让邮筒在广州街头彻底消失的理由。半点都不是。

我坚信广州还有人满怀希望地向邮筒投进细心写下每一个字的信件，又眼巴巴地盼着邮递员的到来收到回信，就像我们年轻的时候所经历的那样。甚至有不少还不算是老人的中年人，他们也是坚决拒绝网络生活，固执地守候着邮筒。这样的人我认识的也不止一个。也许有人说，他们是社会的少数。我要说的是，难道因为他们是少数我们的城市就有理由忽视他们对邮筒的依恋吗？盲人也是少数，但是我们的城市充满温情地为他们留下了盲道（当然我知道，很多盲道是走不通的，这是城市的缺陷），行走不便的市民也是城市的少数，我们的城市也是充满温情地为他们留下了轮椅通道（当然我也知道，轮椅通道实在太少了！）。既然我们的城市有为少数人设置的盲道、轮椅通道，为什么不能给同样是少数的市民留下邮筒呢？

换一个角度看邮筒——城市景观。哪怕现在往邮筒里投信的人已经越来越少了，邮筒就该灭绝了吗？一个邮筒能占你多少地方？拆了它又不能盖起一座玻璃幕墙大厦或者一栋商品楼。而让它们每隔0.5公里地站立在那里，那就是一道城市的风景。它的圆，它的绿色，它的斑驳（如果没有钱翻新的话），它身上的小广告（如果没有时间清理），为什么不呢？邮筒就是这个城市的一部分，多少年来就是这样，为什么偏要到此时此刻才想起要铲除它们呢？

判别这类选择题的标准往往是“有用”或“没用”。北京路上那一层层的历朝历代的马路现在有什么用？既不能跑马又不能行车，但是用玻璃罩子保护起来了。西门口那半圈的古城墙根有什么用？要说防盗还比不上一个最廉价的铁闸，用栏杆围起来了。这是广州这个城市的文化觉悟，因为珍惜历史。在欧洲的许多城市我们很容易就可以看到一截半截“没用”的残墙，或者一堆堆“没用”的石头。风化着，青苔着，斑驳着，那里的小孩呱呱坠地睁开眼睛就可以看到这些残墙和石头，直到小孩子垂垂老矣撒手人寰，这些历经了千百年风霜雨雪的残墙和石头还是纹丝不动地立在那里……没有人担心有一天它们会被搬走拆迁。

与广州和欧洲这些“没用”的马路、城墙、断壁、石头相比，广州城里现在尚且“有用”的邮筒实在年轻得像个婴儿。中国邮政历史不过百年多一点点，而广州人使用邮筒据说从上世纪30年代开始，我们没有必要如此迫不及待地将它们送进历史的博物馆。就让它们继续在街头站立吧。有钱有工夫就修理一下，没钱没工夫就让它们继续日晒雨淋吧，反正它们又不阻人发达。

每每谈及类似话题总有激进主义者狂叫：旧的不去新的不来。NO，这次错了。邮筒还破破烂烂地站着，互联网时代就如洪水猛兽一般地来了。既然如此，你走你的阳关道，我走我的独木桥，放邮筒一条生路吧！

（2012年7月12日）

鸭非鸭，鹅非鹅

广州这次出名了。城中媒体报道说，广州市工商局第一季度对流通环节销售的烧鸭、烧鹅、烧肉、烧排骨等熟肉制品进行了抽检，结果超过半数不合格，其中，越秀区抽检合格率为零。香港也有报纸在同一天揭露了广州烧鹅造假的消息。用网络语言来表达此时此刻的感受就是——OMG！

其实这是两条相关但不尽相同的报道。广州街坊热爱的烧味不合格的项目主要为微生物（菌落总数、大肠菌群）、人工合成色素（柠檬黄、日落黄），等等。而假烧鹅则是通过“外科整容手术”比如在鸭子的头上塞入软骨及鸭内脏、用热的铁板压平鸭屁股等以鸭充鹅，据说可以赚取一倍的暴利！

烧鹅对广州意味着什么？我不知道广州的各位文化卫生主管大员知道不知道。烧鹅对广州不仅仅意味着斩料加餸，更重要的是：烧鹅是“食在广州”的符号，就像烤鸭是北京饮食的符号一样——当然，北京的菜式名气远远比不上广州。如果“食在广州”的招牌要做一个LOGO的话，烧鹅绝对是不二之选。

现在烧鹅头上的髻是假造的，烧鹅也由烧鸭化装而成了。这个“食在广州”的LOGO可以休矣。各位大佬各位街坊，您心痛吗？广州口口声声要弘扬岭南文化要做文化大市强市，到头来连一只烧鹅都保不住！

俗话说，红花虽好也要绿叶扶持，烧鹅也有绿叶，就是各种各样的烧味了。但是媒体报道揭露：“广州市的企业生产的熟肉制品的合格率比非广州市的企业生产的熟肉制品合格率低。非广州市企业抽查的批次合格率百分百，而广州市抽查合格率仅为43.5%。”这叫广州人情何以堪！

不管是过去还是现在，街坊一般家有喜事比如临时来了客人或者加了工资等，一定会出街斩料。所谓斩料，烧鹅必定是首选，然后就是叉烧啊，烧骨

啊，烧肉啊，等等。现在可好，一镬熟都有问题了，对尤其是老广州的街坊也许心理打击要大过对口福的打击。城市归属感啊，又少了几分。

道理不想讲那么多了。监管有效早就有效，不会因为你说了很多道理，无效的东西就变有效。讲多无谓，食多会滞。还是继续和老街坊一起复习一下分辨烧鹅和烧鸭的常识吧，也顺便给新街坊做做常识普及。鹅头有髻鸭头没有，但是现在鸭头“长”髻了，因此光是看髻辨别是鹅还是鸭的时代已经过去。除了“髻”这个最显著的特征之外，一般鹅的体型比较肥大，鸭子相对比较瘦小，烧鹅的皮比较厚，烧鸭的皮比较薄而且易起皱纹，鹅肉比较厚实比较粗糙，鸭肉比较薄比较细嫩而且往往带有一股骚味。还有一个重要特征，鹅的嘴巴是接近三角形的，而鸭的嘴巴是扁的。但是我很担心，有人看了这篇“早茶”后立刻想办法把鸭的嘴巴也弄成三角形的。

这是一个什么都有假的时代。以前说，什么都是假的只有阿妈是真的。现在阿妈也有假的了——代孕妈妈。烧鹅为何假不得？时代在一路狂奔，我们总要失去一些最珍贵的。烧鹅只是我们已经失去所有珍贵的遗产中的一份。假如广州命好，希望若干年后广州人不必费神分辨鸭鹅，鸭就是鸭，鹅就是鹅。您看，我们对生活的要求真的是低到尘埃里去了。

（2012年3月22日）

敝帚自珍说许地

《南方都市报》的报道说，藏身于北京路仓库内的许家祠清代建筑群，近日成为港客热捧的景点。据许家族人介绍，这是《南方都市报》的《许地保护不光许家的事》的报道引发了海内外关注，许家海外族人闻讯欣然献出家传宝物供展览的消息已轰动香江。去年香港大学百年校庆上，由香港历史博物馆原馆长丁新豹策划的“广州许氏家族”展览，引发了众多港人对孕育了“近代广州第一家族”的许地的好奇。上周六下午，来自香港一行30多人的“广州历史导赏团”，来到北京路高第街许地41号后座的拜庭许大夫家祠参观。

太好了，墙外香啦!

报道还说，对于许氏族人的行动，越秀区委、区政府有关负责人高度重视，并明确今年将加快推进许地历史文化街区的保护传承与更新改造。墙内也香啦!

高第街在中国最出名不是因为“广州第一家族”祖居地在此，而是因为这条窄窄的短短的街巷曾经是广州甚至是中国改革开放的一个标志。

那个时候，神州大地上几乎没有一家像样的私营企业，而高第街上密密麻麻的档口纷纷用五颜六色的时装向世界宣告了中国私营企业的发端。现在的高第街只是尺金寸土的商业旺地而已，私营企业已经在中国遍地开花。

但是，不断被媒体挖掘和催谷的“广州第一家族”祖居地在此的信息，却一直没有在许氏族人之外引起太大的反响，与当年的时装档口对中国的号召力相比，可以说是死水微澜。想当初全国各地的人尤其是女人来了广州没去高第街，回去了都不好意思告诉人家说自己去过广州!

是的，第一家族也好，祖居地也好，能够扩散出去的信息只是传统和文化，在一个娱乐八卦经济揾钱的时代，传统啊文化啊什么之类的信息，可以说传播力是最弱的。这种情况正常得很。况且许地的复兴涉及面大困难重重，在一块小小的商业黄金旺地上重建也难免有各种各样的利益冲突，越秀区方面有勇气提起这根马尾，心口真的写了一个“勇”字！所谓马尾，来自马尾拴豆腐的歇后语。

现在许地这朵掩藏在商业旺地的林立店铺中暗香幽传的蜡梅终于香了，而且香到了香港，让我想起了两句俗语。

我想起来的第一句俗语是敝帚自珍。哪怕只是一把破扫把，只因是自己的，所以自己会珍惜。自己都不珍惜的东西，别人怎么会去替你珍惜帮你珍惜？此言至诚至真。

许地不是破扫把，许家故居是属于广州的，广州人不去珍惜，难道要外星人去珍惜？道理很简单。广州不去拆没有人会去拆，同理，广州人不去抢救，没有人会去抢救。我还想起了南华西的潘家大院，想起了北斋……所有的故事只有一个主题歌：你不爱，没人爱，你不拆，没人拆，你不救，没人救……

我想起的另一句俗语是：瘦田冇人耕，耕开有人争。历史建筑物的修缮抢救活化是非常狗血的事情。开始叫天天不应叫地地不灵，后来学者文人前朝遗老遗少一把鼻涕一把眼泪地哭喊开导，头脑精明的“儒商”及各种商的试水吹水……最后终于弄起来了才发现原来真是天上掉下来个林妹妖！哇！真嘀有钱揾嘎！说穿了就是这么一回事！

许地的复兴有钱揾吗？有钱揾就不是问题，假如没钱揾或者暂时看不到揾钱的前景，这么大一片地方，修复抢救重建钱从何来？假如又是商业旅游掠夺式开发，救和不救又有什么差别？这是一个逻辑怪圈，一个悖论。

也许文化的力量可以帮助许地的复兴走出这个怪圈。《南方都市报》的报道说，香港历史博物馆原馆长丁新豹教授表示，今年11月24日，将会在香港大学美术博物馆内，举办一个《高风世承·广州许氏家族》专题文物展，展览还会放置按比例缩小的广州许地建筑模型，向世界展现这个广州第一家族近代以来的千秋家国史。

香港人没有因为这个许地祖居不在香港而失去兴趣，香港都做到这个地步了，广州为什么不可以做得更好。毕竟这把扫把是广州的。

（2012年3月13日）

潘家大院，钻石还是鹅卵石

今天开始喝早茶前先说说背景。广州有一个潘家大院，已经有两百多年的历史了，位于海珠区南华西街，昔日广州人用“镬底都镶金”形容这座大宅的奢华程度，潘氏家族被称为当时“世界首富”。这是中国粤商十三行历史上赫赫有名的家族，对“海上丝绸之路”和广州乃至中国近代对外贸易的发展发挥过重要的作用，潘家大院是目前广州仅存的与十三行相关的历史文化建筑，但是这个显赫一时的潘家大院近数十年不断被破坏蚕食，岌岌可危。民进海珠区总支部、民建海珠区基层委员会、民盟海珠区基层委员会联合提出了保护潘家大院的建议。

世纪的风雨让一座曾经“镬底都镶金”的大宅走到了岌岌可危的今天。怎么办才是我们要考虑的事情。所谓岌岌可危就是随时都会变成瓦砾。

其实所有的类似有历史纪念意义的老建筑一旦要启动保护程序，首先会遇到的就是产权问题。理论上谁家的孩子谁家抱，谁家的房危谁家修。但是由于这座房子对于这个城市有着不可替代的历史意义，这本通书就读不通了。

看看报道中的这一段，真是神仙见了都头疼——报道说，政协委员指出，目前潘家大院是个大杂院：西侧约800平方米从上世纪50年代起被市三十三中征用；从正门到大院中心的近637平方米院落，曾经被4个工厂借用，现在由永兴物业公司代管；有一部分由潘家的第八代后人居住管理，由于时间跨度过长没法办理继承，致使其后人以“共同屋契”形式拥有房屋产权，并由区房管部门代管；还有一部分已经出售；潘家祠遗留部分是染织公司职工宿舍。

待到理清如此珍贵的一座建筑在现实当中的产权关系，并且按部就班地办好一切相关手续，我看这房子也早就尘归尘土归土了。说得不好听，房子倒了，产权人也得不到半毛钱的好处，而广州也将永远地失去这座“仅存的与十三行相关的历史文化建筑”。

既然这座建筑命悬一线，那么政府主动承担保护责任义不容辞。所以我的建议是政府启动抢救程序，先把房子抢救下来再说。拆数的事情能拆得清就拆，拆不清就先让它悬着。至少房子可以先保住。

报道中提到：潘家大院如果要整体修缮，耗资将非常巨大。这个巨大到底有多大报道并没有提及。恕我插嘴：巨大与不巨大只是一个价值判断的问题。如果潘家大院真的就是广州仅存的与十三行相关的历史文化建筑，广州又口口声声信誓旦旦地说要弘扬岭南文化打造文化大市强市，我看这个耗资的巨大应该可以缩小。

相对于一颗鹅卵石，欲要拥有一粒钻石那耗资的确是相当巨大的。假如钻石的价值被确认，巨大不成其为巨大了，除非你决心不要它。所以这个抢救潘家大院的耗资巨大与否本质上不取决于银码，只取决于价值判断。

广州是一座有着两千多年历史的古城，但同时非常遗憾的是可供今人寻觅凭吊的古建筑却真的很少，以至于无论是从事旅游业的专业人士还是寻常广州人家来了一位外地亲戚，都会感叹广州可以去的地方真是太少了。不要说与北京西安这些灿烂辉煌的古都相比相形见绌，就是与一些历史小城相比也是显得零星落索。好不容易南华西还有一座岌岌可危的潘家大院，我们不能眼睁睁地看着它腐烂倒下，这将是一件令今人和后人都追悔莫及的事情。

当然我不得不承认，无论是产权问题还是金钱问题都是此类老建筑物保育最令人头痛的问题。但是，惟其难才要呼吁才要坚持抢救保育。现在民进海珠区总支部、民建海珠区基层委员会、民盟海珠区基层委员会联合提出了保护潘家大院的建议，政府和民众须在此基础上迅速达成共识，并且速速商讨解决方案。火烧眉毛顾眼前，先把房子救下来再说。

我衷心地祈祷：潘家大院能够走过两百多年也能够走过2012年而重新站立在广州的历史与现实的版图上。潘家大院的命运，取决于每一个广州人以及被授权管理广州的政府。首先是价值，其次是价值，最后还是价值。

（2012年3月8日）

立档，为800年沥滘

在广州珠江之畔的沥滘村最近进入了媒体关注的视野。这是一个有着800年历史的古村。村内存有明清祠堂13座，此外还有大量古民居。在即将到来的整体改造中，没有列入文化保护单位名单的古民居面临拆除，而部分明清宗祠或将被"保护性迁建"。这个有着800年历史的古村，是借由改造得到保护、新生，还是会在大拆大建中湮灭？有专家呼吁，像沥滘这样历史悠久的古村，在广州已是凤毛麟角，规划部门、开发商在改造过程中应尊重历史、尊重文化，原址保护。

800年！（此处省略一万字）假如每个人都是长命百岁的话，也要活八辈子才能熬出一个沥滘这样的古村庄，而且不是在山旮旯，而是在广州！现在要拆了，部分明清宗祠要被"保护性迁建"了……

广州已经有一个800年历史的古村庄被拆掉了，它的名字叫猎德村。沥滘将是第二个。其实，它们的一切命运都是Ctrl+C加Ctrl+V（复制+粘贴），唯一的新意是沥滘村故事的序言多了"保护性迁建"这个新词，而拆猎德村的时候，这个专用词组还没有发明出来。

猎德村不可以拆吗？拆猎德村拆错了吗？广州没有这个800年水乡不行吗？答案是：猎德村是可以拆的，拆猎德村没错，广州可以没有这个800年的水乡——原因很简单，拆了就拆了，也不见广州怎么样了。而且村里的原住民住房升级了，听说不少人还发了财。政府卖出了土地，开发商赚到了钱，未来的商人和业主拥有无敌江景黄金地段的家和写字楼。各得其所。既然猎德村可以拆，为什么沥滘村不能拆？

这样，我就不得不担忧下一个800年水乡——小洲村的命运。据说有些小洲村的年轻人对小洲村文化保育和环境保护的现状很不满，他们希望猎德村村民一夜暴富的好运也可以落在自己的头上。

所谓失去一个又一个的800年水乡，失去水乡的只是广州这个城市，而不是任何一个人或者一家人；借此发财的则也许是一个集团，也许是一连串的账号，得失之间，谁得谁失，真的没有人在乎，其实也不重要。

华南理工大学建筑系副主任田银生的一番话，可谓击中命门。他说，与北京大气瑰丽的皇家建筑不同，广州的古民居、古祠堂以单体论并不出彩，它们是以群体存在的，越是不起眼的民居、祠堂，越是应该整体保护。不幸的是，也正因如此，广州的传统建筑保育才越来越走进了死胡同的深处。道理很简单，有文化保育价值的单体建筑不拆有商量，保留下来甚至可能会给成片的地块增加附加值，但成片的传统建筑群不拆是不可能的，只有大鳄才吞得下，也只有大鳄才有能力对抗城市建筑的文化保育，当然，也只有大鳄才有资格享用这些超级地块一拆一建之间的利润盛宴。其实一句话就已经讲完了：只要是群体建筑，整体文化保育都没戏！猎德村是一个例子。再往前的例子有臭名昭著的被粗暴拆除的大小马站古书院群。

不管如何痛心疾首，人类已经无法阻止一个个800年的水乡在广州消失了。此时此刻，我想到的只是两个字：档案。一处处骑楼老建筑被拆，一个个800年500年的村庄被毁，谁提的议？谁起的哄？谁拍的板？谁赚的钱？先不忙下是非对错红蓝黑白的结论，只求记录在案。

千秋功罪留予后人评说？NO。不要说800年就是这几十年的历史，哪位“后人”能评说得了——首先就是事实不清无从评说。再说了，后人戳脊梁骨，先人又怎么感觉得到？不如档案有意义。有了档案，至少所有现世的人尤其是有权力拍板的人，可以让他们负起责任，或者至少让他们知道：自己到底正在做什么。

（2012年2月22日）

广府庙会味在广

传说中的2012年不知不觉地过了一个月，元宵已到，龙年的春节就这样不知不觉也过完了，不管怎么样都要抓着春节的尾巴，恭祝各位街坊读者龙年吉祥！事实上如果这个春节过得意犹未尽，真的还可以继续狂欢，去处就是2月6日到12日为期一周的广府庙会。

据广州市越秀区有关负责人介绍，今年庙会“广味”将更浓。这个介绍可谓介绍到点子上了。去年我也在“早茶”上议论过这个当时尚属首届的广府庙会，也与好友乘兴而去逛了一圈，恕我直话直说，这个有点难。原因就正是出在这个“广味”二字上。

同样是元宵节的大型新传统活动，佛山的“行通济”就令人年年想去，哪怕今年我因为在深圳工作不能前去尽兴，还是魂牵梦萦。说是新传统活动，意思就是类似活动有一点点的传统根据，但是整个活动的形式、规模、细节以至于参与者都大大地与时俱进了，但市民依然年复一年兴致勃勃乐此不疲。

佛山的“行通济”只能够放在佛山，只能够在元宵节，而广府庙会就去年亲眼所见，我觉得在什么时候办都可以，或者搬到什么地方办都可以。讲到底是元宵味不浓、广味不浓所致。当然，我这样说只是个人观感，千万别以为我在扬佛山贬广州，又闹个地域纠纷出来就真的受不了了。

元宵味，广味或者佛山味，说到底是传统味道。说到这里又要踩到这个令人惊恐万状的地雷了——地域差别。理论上广州的文化是包容的，广府庙会上出现五湖四海的食品和产品也是理所当然的事情，但是既然挂了广府而不是江湖的大名头，就必须要注意一个比例的问题，如果广府的食品和其他产品不足，喧宾夺主，那么让市民认同是一件非常困难的事情。但是办广府庙会这样的大型活动也要钱也要招商，没有理由人家拿着钱来要个档口都不给，但是一路闻着烤羊肉的味道一路行广府庙会始终不是那回事。这是一个两难的选择。

说到这里又触动到广州的另外一只痛脚——记得之前有人组织过什么评选广州手信的活动。这本是天方夜谭，去北京就带只烤鸭回来，去天津就带盒大麻花回来，去顺德就带瓶大良牛乳，去广州带什么做手信居然要评选！这其实从一个侧面反映了广州传统食品工艺品的资源匮乏，不是谁的错，原本如此。不办庙会不觉得，一办庙会是骡子是马就要拉出来遛遛，骡子不够马不够，那就真的神仙都没有办法了。

我倒是建议庙会举办方能否在开源方面动动脑筋。把珠江三角洲、粤西、粤东、粤北等地的客家潮汕本地等传统食品工艺品都圈进来，广府是广，广东也是广，玩玩偷换转凤的游戏，粤味广味本来就是一吙，本地特色食品产品的数量保证了，广字主题才能突出，形成广府庙会的核心竞争力，亦只有如此，外来精品方可锦上添花。

还有一个遗憾。传统的元宵活动一般在夜间举行，因为这个节日与月亮和灯有关。而在本届广府庙会上市民也有机会赏天下第一灯——可惜要稍微空间穿越一下，离开城隍庙到越秀公园去赏灯。而城隍爷出巡的大型巡游活动举办的时间是上午。这不多不少也偏离了元宵的氛围。

说了这么多看似扫兴的话，实际上我是真心希望仅仅开了个头的广府庙会能够越办元宵味越浓，越办广味越浓，久而久之可以如当年秋来必去文化公园越秀公园赏菊一样，成为广州市民生活的新传统。

广州龙年大吉！先祝广府庙会成功！

（2012年2月7日）

叹粤剧粤曲之衰

城中媒体报道说，广州只有在大同、爱群、荣华楼等茶楼能够见到粤剧茶座了。不少老戏迷指出，粤剧音乐茶座作为一种体现老广州的特色产物，应该保留下来并加以推广，让它得以流传下去。但有“80后”的新一辈广州人认为，在茶楼里推广粤剧着实太吵。这确实是一个让人揪心的问题。没有了青年观众，粤剧真的就是末日了。

几十年前，粤剧怎么会有青年观众呢？有的人回答是，几十年前没有电视看，几十年前没有互联网。这些解释都有理由。我再补充一条最重要的理由，几十年前的孩子都是由爷爷嫲嫲外公外婆或者父母带着去看大戏听粤曲的。粤剧的血脉是通过上一辈甚至更多的是隔代遗传的。

现在的孩子，小小年纪就被关进幼儿园，稍微大一点就要上各种各样的培训班，上小学中学。隔代之间的交流能够保持在从厨房到客厅的空间就相当难得了，祖孙两代甚至三代人同进戏院上茶楼看大戏听粤曲，现在说起来真像古老的童话。所以不要怪孩子。问题还是出在大人的身上。

其实不要说粤剧粤曲，《西游记》《水浒》《三国演义》甚至《红楼梦》，在我们这一代人，虽然少年时还在“文革”的红色风暴中，多少人都以各种各样的方式或迟或早地读完了，更有人的文学启蒙读本就是《封神演义》《七侠五义》《古文观止》《唐诗三百首》，等等。现在的孩子到底有多少看过这些书中的其中一本呢？就更加不要追问看完与否了。其实说句很实在的话，对于“90后”的小孩，不要说粤剧粤曲，不要说《红楼梦》，就是让他们去听罗文、邓丽君，他们可能也不干了。

稍稍与传统文化有关的东西都在时代的这个节点上熔断了。报道说，现在在茶楼里听粤曲的都是老面孔，公公婆婆是主力军。其实推算一下，这些如今的粤剧粤曲发烧友，他们青年时候正是“适龄”的红卫兵！他们现在是岭南传统文化的欣赏者或事实上的传承者，而他们的青春却是在弥漫着砸烂一切传统文化的硝烟中穿行过来的。这是多么残忍的历史和现实！也许经历了极为痛苦的否定之否定，他们才重拾了自己年少时跟随老人听戏的心绪，但是他们再也无力像自己的爷爷嫲嫲带着自己去听戏一样，带着自己的孙子去听戏了。这又是一番怎么样的肃杀心境！他们都是粤剧粤曲观众的幸存者。我们也不要责备他们怎么不尽责去让粤剧粤曲薪火相传。

身处这样的一个时代，我们没有理由对传统文化的传承和命运太乐观，闭着眼睛说大话，什么传统文化生命力顽强。但我们也不必以末日的心态自暴自弃。无数的人绝大多数的人都在用电脑写字，甚至连圆珠笔都不拿了，但是同样有极少数的老年人中年人青年人甚至小孩子拿着毛笔书写着中国书法的新历史。在人手一部甚至几部数码相机的时代，越来越多的青年人加入到胶片爱好者的行列中，连最新型的数码相机都以增加胶片模式的功能作为新卖点。粤剧粤曲也一样，要不浴火重生，要不就不动声色地悄悄延续着自己的生命。

城中媒体的报道中的这一段很有意思。广州老茶楼里的粤剧粤曲茶座吸引了很多外国人。他们当然小时候没有爷爷嫲嫲带着去看大戏的经历，他们当然是在看热闹。但是他们为什么会有兴趣呢？这就不得不涉及艺术教育和美学教育了。不管是本民族还是外族的传统文化和传统艺术，哪怕不懂也要尊崇，哪怕不懂也要探寻。其实我们的年轻一代真正缺的不是爷爷嫲嫲带着去看大戏的经历，而是这样的艺术教育和美学教育。只有兴趣的动力，只有时尚的跟风，只有市场的力量，粤剧振兴不了，《红楼梦》也振兴不了。只不过《红楼梦》缺少年轻读者没有那么引人注目，而包括粤剧粤曲在内的地方戏曲的衰落有目共睹。说到底，只是传统文化在中国当今大时代的命运。

（2012年1月14日）

岭南名园，自封无效

珠江三角洲有四大名园：顺德的清晖园、番禺的余荫山房、佛山的梁园和东莞的可园。四大名园是岭南园林的代表作。广州城区一座都没有。但是媒体报道说，广州要用五年的时间一下子造五大名园了！听了这个消息我大吃一惊！

不知道四大名园的主人和创作者他们在起各自的花园的时候，有没有想过可以成为四大名园？我相信他们只是天才地精心地设计精心地施工，然后日子有功，终成后人口中的名园。要用五年的时间一下子在一个城市造五个名园，亚历山大了！

广州千万不要因为四大名园无一落在广州城区就感到自卑，然后急吼吼地要造五个！广州的园林名园还是不少的，只不过名气没有四大名园大，因为都是新园林。但这恰恰说明广州当代园林设计的高水准。现在广州保留最好、市民最方便进去的优秀园林当属兰圃，而室内园林奇观、白天鹅的故乡水也是神来之笔，体现出岭南园林的创新精神，文化公园里头的园中园相当优秀，不知道现在有没有成为电子市场，而矿泉别墅应该是拆掉了，太可惜了，原是广州非常优秀的一家园林式宾馆。流花湖虽然在园林设计上没有享有太大的名气，但是我一直认为流花湖是岭南园林当代作品中的佼佼者。白云山庄、松涛别院应该还在，也是相当的优秀。至于后来建起的鸣泉居老百姓轻易不得进，但是也属还算可以的园林设计。对了，还有白云山上的鸣春谷也不错。广州在园林设计和建造上千万不要妄自菲薄，不要看不起自己已经创造出来的辉煌。

其实，摊开珠江三角洲的岭南优秀园林谱我们就会发现，盛名久负的四大名园都是私家花园，而广州的优秀园林则是公园和非私人拥有的山庄别墅和高级宾馆居多。这恰好印证了一方水土养一方园林。计划中要建造的广州五大名园包括珠江新城的珠江公园三期，麓湖公园的聚芳园，白云大道陈田苗圃，老白云机场的飞翔公园、白云公园，其实说穿了不就是五个公园嘛，名园什么的只是一顶自己给自己戴的高帽！

广州搞好绿化管好老公园开辟新公园，我举手举脚赞成！人多车多，城市拥挤，一块绿地一个公园就是一个天堂。老百姓太需要包括公园在内的公共绿地了！在建造这些公共绿地时，不管是公园还是街头小景，无论是空间构成、建筑元素还是花草树木的品种，岭南园林的魂魄必定萦绕其间，这是毫无疑问的事情，难不成会在广州造出一个颐和园？！但是五个公园八字都没有一撇，图纸在哪里都不知道就自封“名园”，未免让人觉得是在忽悠。所谓名者，一是要业内行家首肯，二是要海内外百姓认可，没有了岁月的大浪淘沙，名园的桂冠不可能轻易地落在某个园林头上。这就好比是生孩子。尽管父母的确有强烈愿望要把孩子培育成名人，但是你去医院生个孩子，总不能告诉街坊四邻：我去生名人了！

广州人做事情尤其是做大事一向不事张扬，会生仔不会起名字是全国闻名的，做了再说也是一贯的城市性格。这十几二十年来，我真是看着广州慢慢转性了。越来越夸张，不管你信不信，他就是爱信口开河。这一点让广州变得越来越不可爱起来。

好吧。好好地造公园吧，精心设计，精心施工，精心养护，精心管理。我期待广州有五个无愧于岭南园林盛名的新公园的诞生，名园不名园的事情就留给广州的子孙去说好了。另一个期待是，不要再把酒楼咖啡厅开在公园里，要像我们小时候读过的书里头所写的那样：让每一个公园成为劳动人民的天堂。

（2011年12月15日）

海心沙：盛宴挡不住叹息

12月31日，广州首个属于自己的跨年盛典——“广州，我们的主场”，将在广州新地标、亚运开闭幕式主场馆海心沙上演。新闻报道说，主办机构将在海心沙亚运开幕式的“水舞台”位置专设100桌VIP围席，其中的70桌由广州产权交易所进行认购登记。在海心沙吃餐露天饭要多少钱？VIP席位共分4个档：最靠近“水舞台”的位置，认购价为每桌人民币5万元，最便宜的也要3万元一围。不过这个跨年盛典的消费也算丰俭由人，门票价格最低为180元，还有一些情侣套票为280元。大概就比看场电影贵一点。

这条新闻看起来心情有些复杂。

首先是欣慰。广州终于有了一个属于自己的跨年盛典了，而且是在海心沙举行，很好。不知道从什么时候起，作为新民俗的新年倒数兴起来了，但就是没有一个地方可以让年轻人热热闹闹地闹一闹，然后满怀豪情跨进新的一年。也许这是向纽约时代广场学来的，但是挺好的。广州完全可以每年热闹一次啊。可惜就是没有个地方可以给大家乐的。每到跨年的时刻，青年人自发地聚集在天河城、英雄广场等有LED的公共广场，瞎高兴。因为人流聚集，警方担心出事，各种控制的措施又难免会让人很不爽，记得有一年某电视台本想搞直播，结果警方不许倒数，搞得被迫要提前组织群众倒数。记忆中还有新年钟声快响起来的时刻关掉LED屏幕的，总之就是扫兴。现在有一个秩序容易控制的地方来玩跨年玩倒数，而且今年据说还有粤语流行歌星助兴，实在是一件值得称道的事情。

然后是感慨。广州是南中国的中心城市，按理说是富豪云集，但是据报道说其中的70桌VIP围席由广州产权交易所进行认购登记，咨询的人非常多，但是

还没有人认购。这只能够说明，无论是新年倒数的新民俗还是海心沙的这个跨年盛典，社会的接受程度还是非常有限。我不由得想起了新年音乐会。广州佛山等地的新年音乐会也可以被看作是近十几二十年才兴起的新民俗，但是社会认受程度非常高，可以说是一票难求，现在珠三角许多城市都纷纷效仿，交响乐团成为了抢手货。甚至有的城市在春节、除夕和元宵都举办大型音乐会。假如海心沙这个广州的跨年盛典也能够逐渐演化成为广州的新民俗的话，每年最后一天，城中布衣商贾政界文艺名流济济一堂迎接新年，倒真的是很有意思。

最后是感叹。我感叹的不是跨年盛典，而是海心沙这个地方。市民们都惦记着这个因亚运会而开发的黄金休闲地带可以免费开放，成为所谓的市民广场。但现在看来是要被圈养起来了。也有建筑设计师和城市规划师惦记着海心沙岛上的那几块巨型临时建筑会不会慢慢就变永久了，因为实在大煞风景。写到这里，我想起了一句九唔搭八的老话：不以人的意志为转移。不管怎么说吧，希望海心沙可以给草根市民带来多一些快乐和开心。能否闲日向市民免费开放，遇到大日子再圈养起来做盛典呢？其实这也应该可以成为一种选择。若然，海心沙真的有可能成为广州名副其实的城市广场，成为广州新记忆的地标。

（2011年12月9日）

美食节不要卖烂招牌

听说西关美食节开了，本打算周末回广州大快朵颐，按惯例先上微博看看“群众反应”，评价之差，大吃一惊。

珠江啤酒，竹升面，萝卜牛杂，濑粉……除了西关美食，@糖糖S——幸运见识的更多是与西关无关的美食，羊肉串，鹿肉串，鱿鱼，台湾小吃，韩国泡菜，臭豆腐，狗不理包子，烧卖，泰国榴梿薄饼，潮州手打牛肉丸，酸辣粉……西关美食节怎么有这些呢？纳闷。

@大頭吖慧冲着“西关”二字去撑场，结果买了一只盐焗鸡，四只蟹，五只生蚝。@悬崖上的水瓶公主也觉得美食节很坑爹，外省美食居多而且分量少，最后一行人没吃饱只好帮衬美食节旁边的饭店。

@飲飲食食_iNeS爆料，用了“惨不忍睹”四个字：蚵仔煎连韩国版本都有了。美食节换汤不换药，与西关沾边的东西寥寥无几，场内依旧充斥着各种烧鱿鱼、烧雀仔、烧生蚝，还有臭豆腐、牛肉丸之类的。顶多就是一档捞鱼皮、一档云吞面、一档芝麻糊还能提醒人们“西关美食”不是传说。

也有例外。@kTeeyMax在这里吃了艇仔粥、濑粉和竹升面和小笼包，虽然抱怨“好难吃”，但外国美食一条街人山人海，尤其在这里听到了久违的白话，他说，这样亲切的一天，是荷包突然变扁了的一天，也是肚子突然鼓起来了的一天。

呜呼！西关之名，美食之名，木有了！为什么木有了？@明显是个日历觉得，现在广州的美食节早已变味，来来去去不过那么几种外来的快餐式的食物参展。而真正的广州美食又如广州人一样不喜张扬，要过嘴瘾，只能在城中巷陌一番找寻。

西关是广州传统生活方式的LOGO，“食在广州”是广州的金字招牌。借西关之名美食之名做生意没有问题，但是，顾及一下LOGO和招牌的含金量好不好？能不能建议有关部门，以后凡是打出西关名号的商业活动，一定要经过严格的报批程序，不是金刚钻就不要揽瓷器活了。

若望文生义的话，西关美食节必定有很多西关美食可以拿出来给大家狠狠吃。牛腩粉，云吞面，马蹄糕，萝卜糕，竹升面，腊味饭，拉肠，猪肠粉……而且要应有尽有，才能尽兴，才可夸海口称之为“节”，而且非传统不卖，非美食不吆喝，才对得起“西关美食”的名号。换个角度看也行，广州已经是中国饮食江湖好汉的啸聚之地，东西南北中的精华聚于西关一地，数天一节，让中外宾客就在小小的饮食节上吃尽天下美食也未尝不可，也算对得起西关的名号和“食在广州”的美誉。谁曾想到，一年到头，广州有各式各样的美食节，竟然都在倒广州美食之城的米！

亲爱的广州，真的要好好珍惜自己美食之城的无形资产了，千万不要卖烂招牌。

（2011年12月17日）

海珠桥，广州的味道

78岁高龄的海珠桥不拆了，原状维修。《南方都市报》的报道说，广州市政府常务会议审议通过最终方案，主桥原状维修、引桥拆除重建，预计明年2月动工，工期18个月。这是我一直盼望的结果。说实话，自从传出海珠桥要大修和有人提出拆除重建的消息之后，我一直提心吊胆，很怕广州从此失去海珠桥。

我为什么担心海珠桥被拆？在旧城改造和维护当中，占风头的一直是功能主义。从技术角度来说，功能主义没有什么错，弯的当然要裁直，烂的当然要拆掉重建，容积率太低的要提上去，这样一来，一个古城就会变得面目全非。但是，功能主义者不考虑城市的面目，除非城市的面目能够赚钱——请原谅这样一个极端的假设，比如，为什么不拆长城搞山顶别墅呢？因为长城的面目卖的钱比卖别墅更多。

但是，作为城市文化保育主义者，无疑更看重老城市的面目。因为此城区别于彼城，老城区别于新城，首先就在于面目。没有人会在一个陌生的城市里感受到安详和宁静，在熟悉的面目和场景不断被抹去，陌生的环境像布景一样升腾起来的地方过日子，内心那份彷徨更是非亲历者不能言说——不幸的是，很多广州人在近一二十年里正是这样的亲历者。

这是一个历史节点上的纠结。假如老城一块砖头都不能动，城市会日渐衰败。但假如四处生火八方冒烟拆拆拆，老城的价值会在短短的十年八年中荡然无存。中庸地说，就是有所拆有所不拆。拆与不拆，在很大程度上就取决于城市揸FIT人的价值判断了。老百姓的叹息甚至眼泪都是断断做不得选票的。海珠桥就是一个很好的例子。从功能主义的立场出发，拆了再建也属合情合理，但是从城市文化保育的立场看，拆了海珠桥，珠江就不是珠江，母亲河就不是母亲河了，尽管江面上还趴着五六七八座过江桥梁，尽管海珠桥拆掉了还可以重建。但是唯有这座78岁的海珠桥是真真正正属于珠江属于广州属于广州人的。尽管原状维修要难得多，花的钱费的功夫要多得多，但是值得！这就是价值判断。

最近我看了挪威驻广州首任总领事安佩德写的一篇小文章。他说：珠江新城的高楼大厦着实让人印象深刻，但是这里却少了属于广州特有的味道。这引起了我的沉思。什么才是广州的味道呢？在地王之地楼王林立的珠江新城，一个西方人竟然会发出这样的感叹！土生土长的老广州人不舍老城区的每一块麻石和每一段骑楼，可以被看作是恋旧和固执，但是一个初来乍到的西人竟然也要固执地去追寻广州的味道，这只能够说是文化的共鸣或失落了。

无论是东方还是西方，都有属于自己的城市，每一个城市都有自身的历史和生活方式，这就是那个城市的味道，就是那个城市的气质。城里人，无论是东方人还是西方人，总是带着犹如熟悉自己母亲的味道一样的嗅觉，到另一个城市去做关照对比寻找异同从而再次确立自己城市的“味道”。一旦落入一水儿全都是玻璃幕墙，全都是宽阔马路的街区，所有城市的味道都失去了，那就是遭遇到了城市气质的消散，这是城市气味的迷途。无论是初来乍到的西人还是世居于此的土著，都会因而感受到一种行走在历史尽头的茫然。

城市的气质是需要历尽年华的建筑物作证做标志的。海珠桥与广州的气质之间有着某种表达与呼应的玄机。谁也不可以想象一个没有海珠桥的广州，尽管无数的辉煌建筑物已经拔地而起。海珠桥留下来了，那么再过半个世纪哪怕广州再次沧海桑田，海珠桥还在那儿——太好了！

（2011年11月18日）

小洲村：不及林间自在啼

在报纸上看到一条令人颇感无奈的消息。广州有名的生态示范村小洲村已经变成个大工地，原因是村民对自家住宅的大规模抢建和改建。

小洲村对于广州无疑意味着很多。这里几乎是广州最后一个水乡的活遗址。小洲村村民祖祖辈辈养护着的万亩果园是广州不可复制的南肺。小洲村是广州艺术家聚集的艺术村。小洲村是很多广州人逢年过节必到的一处游览胜地，无论是年轻的小资还是年过花甲的老知青，小洲村都是可以在寻访中得到安慰的精神家园……但是对于小洲村的村民来说，小洲村就是他们的家，或者说小洲村是他们安身立命的家园。

房子破了要修，修不了就要推倒重来，收入不够就要想办法活下去，出租房子也不失是一个可以考虑的选择……对于游客来说，小洲村越苍凉越有审美价值，而对于村民们来说，小洲村越光鲜越值钱。小洲村本因地处偏僻交通不便而意外地在城市大拆大建的洪流中被遗忘了，因而被非常原生态地保留了下来，但是自从小洲村的村门洞开，往昔的那种宁静和安详就开始逐渐被打破，就像一面开裂了的镜子，永难复原。这是发展的尴尬。在被更多的人分享的同时，自身却越来越丧失掉可供分享的价值。

城市景观可以推倒重建，但是乡村景观本身是由千百年历史沉淀而成。一旦进入快速发展的轨道，所有的进程全为不可逆的。这是人们心痛的根本原因。历史不允许现代人犯错，但是现代人总是爱犯错，尤其是在古旧街道村庄和建筑的拆与建、拆与留之间，犯错更是越犯越上瘾。

小洲村成为大工地，但是犯错的绝对不是村民。多少年来，小洲村的村民以清贫为代价，为广州保留了一片珍贵的绿地，营造了一个不可多得的南肺，留住了一个原汁原味的八百年水乡的样本。小洲村对广州的贡献，无论在自然生态方面还是在文化方面，都是功比天高的。但是各位广州街坊官员扪心自问：广州为小洲村做了什么？小洲村的果树老了，小洲村的房子旧了，小洲村的村民穷了，大家都做过些什么？

据我所知，包括海珠区政府在内，街坊大众艺术家们，大家都默默地做了很多。但是很不够。尤其在小洲村作为生态村和古村落的活化方面做得更加不够，缺乏长远的眼光，更缺乏灵活的措施。一方面希望小洲村的自然和社会人文的原生态能够原汁原味地保留下来，另一方面又让村民们无奈地自生自灭，这叫什么事？倘若村民的命运是自生自灭，小洲村的命运就是自生自灭，到此为止，现在大家眼见的小洲村成为大工地只是一个令人心痛的开始。你拆得了所谓的违建，拆不掉村民的贫穷。谁能够挡得住贫穷对于小洲村的破坏力？！

据说政府方面现在也有打算，把重建黄埔古村的模式复制到小洲村来。我的直觉是不赞成。小洲村不可以游离于时代而永远古朴，但是推倒重来做假古董假风景是个更加糟糕的选择。小洲村生命的主体不是那些河涌和农舍，事实上也没有几家像样的农舍了，除了那几间蚝壳屋。只有让农民好好活着，小洲村才能好好地活下去。

或许完善甚至放松一下报建手续，让村民们错开建屋的时间慢慢地重建自己的居舍家园是一个更好的选择。或许让村民们自由选择自己居所的样式而不是找些三脚猫设计师画个三两样式硬性规定农民选择要更加好一些。生态村的理想发展样式应该是自由伸展的大树，而不是缩龙成寸的盆景！

假如不论官民，只要是广州人，都来关心小洲村的命运，说穿了是关注小洲村村民的命运，广州将永远拥有小洲村，假如置村民的命运于不顾甚至打起小洲村的歪主意，我们总有一天要彻底失去小洲村！世界上没有任何一个设计师比时间更加伟大和天才。我的警告是：不要打重建小洲村的主意，否则一失足成千古恨。

始知锁向金笼听，不及林间自在啼。小洲村再一次牵动我的心。

（2011年10月29日）

广交会姓广

又是一届广交会。我们这批“50后”，从小到大，半个世纪了，年年如此，对广交会已经不觉得有什么新鲜。但是今年却稍有不同，第110届中国进出口商品交易会（广交会）开幕式的同时，还隆重举办了一个中国加入世界贸易组织10周年论坛，总理温家宝还出席了开幕式并发表讲话。媒体报道说，温总理用非常工整和略带诗意的语言向世界述说：“如果说创办广交会是中国向世界打开了一扇窗，那么加入世贸组织就是中国向世界开启了一扇门；如果说创办广交会是中国向世界伸出一只手，那么加入世贸组织就是中国拥抱整个世界。”

广州人以前把广交会称为交易会。我少年时的交易会是很神秘的。从小就被告知，年轻的人民共和国急需外汇，所以中国最好的东西都拿到广州来卖了。卖给外国人，换外汇。所以卖给外国人的国货是最好的国货这个观念可以说是根深蒂固。那时候普通老百姓是根本没有资格进广交会看一眼的。能够远远地在围墙外看一眼，哪怕看到的都只是些露天摆放的大型机械，也已经很不错了。不记得是上世纪70年代末还是80年代初，交易会可以让非交易人员进去参观了，但不是每一天，而且可以拿到的票的数量也极少。记得我第一次进交易会参观，好不容易才搞到一张票，之所以用搞这个动词，是因为参观券有钱也买不到，找得到就不用钱。进到交易会各个展馆，眼睛都看花了，忙不过来。成语叫作目不暇接。哇哇，世界上竟然有这么多的好东西啊！感觉就完完全全犹如刘姥姥进了大观园。

那时候一提起广州，总要讲到广交会。总要提到这一句话：广州毗邻港澳。其实这正是广交会永久落户广州的根本原因。在那个既是被封锁也是闭关自守的时代，广交会几乎是中国人与外国人做生意的唯一平台了。而香港在长

达几十年的中外贸易史上所扮演的独一无二的角色，应当被载入史册。

在更加久远一些的年代，广州是属于世界的。千年商都面向世界敞开的是历史的姿态。广州是一个很开放，很具有生活、文化和价值观的融合能力的城市，与“海上丝绸之路”、黄埔古港、十三行等是分不开的。没有活跃的对外贸易和经济往来而只有观念上的开放是不可以想象的事情。与外国人做生意给广州带来的绝不仅仅是利润和富裕。岭南文化的活跃灵动和绝少保守，你能说与广州的对外贸易发达没有关系吗?

当然现在中国到处都有口岸，到处都可以同外国人做生意。相比之下，广交会作为对外贸易平台的唯一性渐渐消失了，对于国家来说当然是好事，对于广州则难免失落。而温总理说：“展望未来，随着中国经济快速发展和改革开放不断推进，广交会面临更加广阔的发展前景。我们相信，广交会一定会办得更具特色、更上水平、更有成效，为促进我国对外贸易发展做出更大的贡献。”对此我充满期待。

广交会既是中国的也是广州的。全称中国打头，简称广字打头。既然中国继续需要广交会，那么广州也继续需要广交会。作为广州人我们为什么不能说，广交会姓广呢?

（2011年10月18日）

人民南，复活不如创造

《南方都市报》的报道说，人民南骑楼街获得免拆金牌。广州市规划局对《人民南路历史文化区保护规划》进行为期一个月的批前公示，明确对人民南路两侧共计33公顷的区域进行保护，核心区任何建筑不许拆，并会在合适时机对人民路高架桥进行拆除。听到这则消息，一喜一忧，但喜的和忧的不是一回事。

喜的比较简单，人民路骑楼是广州最宏大的骑楼建筑群，能保住，天上掉下个林妹妹。忧的有两个，一是人民路骑楼群保下来之后用来干什么？报道说的是“复活商圈”，回迁老字号，打的还是吃传统老本的主意——广州的老字号请问还有几家可以咸鱼翻生？北京路步行街如今红红火火人头手攒动，靠的是老字号在撑场还是新店铺如雨后春笋的吸引力？大家不妨亲往考察。状元坊内请问有几家老字号？中华广场天河城一带，老字号和传统商业是主力还是点缀？假如保住的骑楼街的商业气氛和人气不能恢复，保住了又有什么意义？保得了一时还能保住一世？复活不成的话，其实也还是死路一条。

另外一个担忧是人民路高架桥之拆与不拆。人民路高架桥从通车第一天至今一直承担着广州河北南北干道的重要职责，一旦拆除，可行的替代路径在哪里？另一个事实是，毫无疑问，人民南西濠口商圈的衰落当初的确是与人民路高架桥的兴建有关，但是时移世易，拆了高架桥就可以复兴这个老商圈？我表示极度怀疑。这只是一个刻舟求剑的幻觉。

这是一个创造力严重匮乏的时代。绞尽脑汁想出用传统商业老字号来“复兴”的人们，实际上是黔驴技穷了。张开巴掌数数，广州还剩下几家生龙活虎的老字号吧，这些硕果仅存的老字号对广州的年轻一代和新广州人有多大吸引力呢？不要以为这班家伙是在弘扬传统文化。他们是要累死传统文化，然后再累死自己。试想一下，您让一个风烛残年的老人来做狮头舞狮，这头狮子能够蹦跶多高又能蹦跶多久呢？

这是一个能把人活活绕死的伪命题：非拆除人民路高架桥不能复活人民南商圈。复活的目标本身就滑稽得很。虽然我不反对复活，也不反对拆掉人民路高架桥——前提是拆了广州南北交通不阻，人民南商圈真的能够复活。怕就怕高架桥拆了，商圈还是盘不活，更加不要讲复活了，那就真是捉虫了——赔了夫人又折兵。

为什么我们不能提出一个具有挑战性的命题：不拆人民路高架桥，怎样做旺保留下来的人民路骑楼群？复活不是目标，做旺才是目标。以前人民路商圈靠的是南方大厦、文化公园和西濠口的影院饮食来带旺，而现在南方大厦卖手机了，文化公园在广州市民的业余生活中某种不可替代的唯一性消失了，西濠口也不如从前兴旺了（其实还是挺旺的），可见人民路商圈要“复活”，高架桥并不是唯一的障碍。更加不是不可逾越的障碍。在南方大厦被称为博佬大厦的岁月，上下九没有现在这么旺。今天的上下九步行街完全可以成为带动人民南商圈复活——姑且借用复活这个词——的强大发动机。今天的上下九与昔日的南方大厦的地理位置，无非就是人民南的这一头与那一头。说穿了就是个床尾变床头、床头变床尾的把戏。当然，如同拆高架桥“复活”人民南商圈一样，这个床头床尾的把戏并不是必选项，我只是想试图证明一句老话：条条大道通罗马。除了华山，世界上的路永远都不会只有一条。

与其复活旧意念中的人民南商圈，不如给保下来的人民路骑楼群赋予新的生命。创造才是一切。

（2011年10月20日）

大三元：往事只能回味

大三元酒家要咸鱼翻生？好像是。同城媒体报道说，有近百年历史的大三元酒家在关闭、拆除11年后，原址有望重建美食店。广州市老字号协会有关负责人也表示，大三元酒家品牌持有者曾表示希望重回旧址。听起来很美。希望实现起来不要太遥远。

说起长堤的大三元酒家，老广州可以说无人不知，其曾以做高档的鲍参翅肚菜式闻名。但进入上世纪90年代，随着长堤失去往日“商业天堂”的地位，大三元也开始走下坡路，生意一落千丈。1999年，大三元改以经营快餐为主，2000年4月因拖欠房租被迫关闭。2005年，大三元酒家所在的楼也被拆除。从威震海内外的省城饮食名店到落难为一个闲置的停车场，广州历史晃过了一个沧海桑田的瞬间。

大三元的辉煌就不用多说了。老广州人都知道，新广州人都没有机会亲历了。往事只能回味。事实上这不但是一句歌词，而且是一个残酷的现实。

设想一下。假如大三元真的在原址重建，光是停车位就够头疼了，当然，可以建地下停车场，但是路就那么窄，出入口也是问题啊。更加要命的是客源。西关老街坊都四散了，附近做生意的人来自五湖四海，这个新生的大三元是做川菜还是湘菜真是个问题了。

世界在变，广州尤其在变，而且变得很疯狂。此时吟唱“往事只能回味”显得几分苍凉几分无奈，但是十分现实。有多少老房子可以推倒重建？有多少老字号毁了可以咸鱼翻生？一切在变，原来的环境、人事和气氛都没有了，哪怕重建也只是一个空洞的外壳。愿望的美丽和现实的残酷往往水火不相容。与其打这个主意，不如想想法子少拆少迁，给老城区留几分老的气息好向子孙后

代做个交代。最近在网上看了一组欧洲古老小镇的美丽图片，我心里直发颤：凭什么他们那儿不拆迁！

就事论事说长堤。这个传统商圈的复兴是必须支持而且是可以期待的。在整个构思过程中打一切老字号的主意也是顺理成章的。只是不要犯那个著名的刻舟求剑的错误就好。

“时光已逝永不回，往事只能回味”这句歌词告诉了我们一个很浅显的道理：创造。当旧的一切无可避免地合理或者不合理地给砸掉之后，唯一可以做的事情就是用新的创造来创造新的历史。有一个著名的案例，美国一家著名的老公司的厂房着火了，员工都心急火燎地慌忙救火，而老板却拿着铅笔面对火场在不紧不慢地勾画。众人不解问老板在干什么？老板答道：画新工厂的蓝图。

长堤需要这样一个老板。广州需要这样一个老板。

（2011年9月23日）

期待三联重返广州

《南方都市报》这条新闻颇为伤感。报道称：广州再也找不到三联书店了，这家与广州结缘17年的书店全面撤出广州，和街坊说再见了。

这其中也有我的一份责任，因为我也不是三联的常客。今时今日，有的人因为没有地方停车而改上网购书，有的人因为习惯了浏览网页而越来越少上书店，有的人则因为考试过关了就再也不进书店。读书人故事各有不同，但书店的人工铺租灯油火蜡没有一样不在升升升。如此残酷的现实之中，书店结业，便只是秀才遇到兵，有理讲不清。

这样的时候，心里头总有一种无力感。房东不会因为你是卖书的就给你减租，银行也不会因为你是卖书的就给你减息，读者不会因为书店快要倒闭就赶往救市，政府也不可能因为书店经营环境的恶化而专门出台什么救市的政策。我脑子里常有这样一幅荒诞的图画：车水马龙人头攒动的商业街里一家店卖书——很有品位，旁边一家店卖烧烤——香飘四条街。谁输谁赢根本不用等着看结局。怎么办？就这样眼睁睁地看着人文书店在落日余晖中枯死吗？

很多人包括我，内心深处都会有一个隐约的愿望：开一家书吧。宾客盈门时乐见读者发现新大陆，门可罗雀时独自在午后的阳光下品一杯咖啡翻一本书。与世无争，与自己的心灵相伴。如果付诸实践，在现实的商业环境中到底有几成实现的可能性？不知道。文化这事情，让它留在精神的世界里是很美好的事情，但是把文化放进商业环境，有些像放羊进虎口。

凡事看好的一面。三联退出广州，但联合书店、唐宁书店还在，而且至少从店面气氛看做得还很不错。有人认为，是网上购书扼杀了实体书店的空间，这我倒是不敢苟同。网上购书的兴起毫无疑问对实体书店尤其是民营书店构成

了竞争威胁，但这种威胁没有特定的针对性，最大的“受害者”只能说是这个行业当中的弱者。

打个比方，很多年前，报纸几乎是人们唯一的信息来源。后来广播电台诞生了，有人惊呼报纸的末日来临，结果没有啊。到再后来电视诞生了，又有人惊呼电台的末日来了，结果也没有。到再后来，互联网诞生了，各行各业不再惊呼末日来临，只是埋头想如何见招拆招。适者生存而已。

也许作为小型的独立书店，专业、人文、品位等会是依然坚持的性格，但在形态上却需要适应顾客的个性化要求，做一些多元化的调整。以变应变才是生存之道。可以重拾梦想啊，在咖啡店里卖书，或者在书店里卖咖啡，为什么不可以落霞与孤鹜齐飞，秋水共长天一色呢？读书人都讲究气氛讲究格调讲究品位，那就做一家充满了读书气场的店好了，管它叫书店还是在其他店里头卖书呢？因此我还是期待有一天，三联书店会重返广州。

不过，我还是更怀念那种单纯的书店，没有凳子，只有堆得满满的书架，站着看书累了偷偷蹲下，也没有店员干涉的那种。

（2011年9月21日）

白鹅潭不只是“地块”

白鹅潭的开发因为苏宁环球的介入成为了城中的大新闻。城中媒体报道说，苏宁环球日前发布了一则公告称，将对广州白鹅潭地区28平方公里土地进行一级开发，总共动用的资金预计将超过千亿。并将分期开发，且确保白鹅潭对应地块自银行资金到位之日起18个月内完成征收并公开上市。谁也没有想到，这件事引起了广州地产行业内的一场骚动，而苏宁环球参与白鹅潭一级土地开发一事更引发业界诸多的争议。结果广州荔湾区政府负责人回应此事时透露：苏宁环球只融资不储地。我这个行外人的认识是，苏宁环球只做财神不做拆迁队，只做大老板不做开发商。

白鹅潭也许是广州老城区里最后一块最大的“待开发”地块了，这个面积达28平方公里的地块上，有旧城区、旧村、旧工厂，无论是做投资还是做开发都分外敏感。这是情理之中的事情。无论是普通百姓还是房地产业界，多问几个为什么也不见得是坏事，不知道的事情问清楚了就明白了。根据荔湾区政府的说法，“此番采取的土地储备模式在广州属于首次，将融资和储备两个体系分开，单独运行”。也就是说，苏宁环球公司不参与如土地征收、拆迁、补偿等具体的土地开发工作，只提供资金，同时，为土地储备项目贷款提供担保。用街坊的话来说就是玩资金。其实这资金也不是那么好玩的，大拿拿超过一千亿啊！

作为一个数学很差的老人家，从报纸上我看懂了苏宁环球在这个白鹅潭开发中充当的角色了，但我还是看不明白那28平方公里土地。苏宁环球发布的公告说，公司将对广州白鹅潭地区28平方公里土地进行一级开发，而荔湾区政府负责人则纠正说：“这次土地储备量并非多达28平方公里，28平方公里只是荔湾区白鹅潭经济圈的规划范围，由旧村、旧厂、旧城三部分组成，城中村由村里自主改造，符合条件的旧厂房可由企业自主改造。剩余的才由区土地开发所负责收储。”也就是说，苏宁环球要不就是在公告中讲大话，要不就是发公告前计错数，至于其他的可能性我就不敢想象了。开发的面积有多大是一个最基本的数据，为何会出现这个问题呢？我情愿相信是技术性错误而不愿意多想。但是这么大一个项目，合作双方对一个最基本的数据的表述竟有如此大的出入，还是令人感到非常遗憾的。

另外，还有一个数据我也表示一定程度的怀疑。苏宁环球的公告说，要确保白鹅潭对应地块自银行资金到位之日起18个月内完成征收并公开上市。而荔湾区政府在回应对18个月能否完成动迁的质疑时也表示：这是惯例，避免无限期拖延，影响建设开发。这次他们合作双方在表述上都没有任何分歧了，而业界则认为：政府未必能在18个月内完成白鹅潭拆迁。我也觉得，只有一年半的时间，在28平方公里的土地上，有老街道、老村庄、老工厂，要完成全部动迁的确太难——我担心到时又有强拆，我更担心血拆。

说到底，质疑也好担忧也罢，无非都是因为爱广州。白鹅潭，不只是一个“地块”那么简单。从黄萧养的传说到鹅潭夜月，再到那家天鹅状的宾馆，再到未来值一千亿的大开发，白鹅潭一直是广州街坊心头的记挂。希望这次大开发拆得和气，建得漂亮。阿弥陀佛！善哉善哉！

（2011年9月6日）

别了，吉祥坊17号

城中媒体报道说，吉祥坊17号的产权直到7月28日才被荔湾区房管分局代管，但6月房屋已经被拆除了。更吊诡的是6月25日，17号民国楼宇被拆两周左右，恩宁路片区号称保留最多文物和历史建筑的第四稿方案得到广州市城市规划委员会的通过。不知道这个第四稿的方案对于吉祥坊17号是保留还是拆除？不过现在讨论这个问题已经没有任何意义，民国建筑吉祥坊17号已经化身报纸上的一张张废墟图片。拆屋的时候施工人员拆卸下趟栊门，以1000元的价格，将一副坤甸木的趟栊门卖给了收买佬。而此前有街坊在恩宁路吉祥坊17号被拆废墟上，发现了一件石门套以及十多件长条麻石，欲搬走留作纪念，被拆迁人员强行阻拦；拆迁队当着街坊们的面将石门套当场砸成几段；并且随即开动钩机，把那十多条麻石悉数捣毁。令广州街坊们魂牵梦萦的吉祥坊17号的故事就这样落幕了。

发生于2011年的广州西关吉祥坊17号的故事，可以分为读得懂和读不懂两个部分。

拆房子的施工人员仅出价1000元就把一副坤甸木趟栊门卖给了收买佬，这是这个故事中最容易读懂的部分。假如每座老房子都岿然屹立，他们卖什么？

广州街坊不舍吉祥坊17号，不但到现场拍照片，见老房子被拆试图搬走石门套以及十多件长条麻石作纪念，受阻且所有石制物件被砸毁后义愤填膺上网披露事件真相也容易读懂。人非草木岂能无情？老房子被拆掉了连永垂不朽的机会都没有了，谁不心疼？

施工队为何要当着街坊的面砸烂石门套和十多件长条麻石？这点读不懂。砸烂了就不能卖钱了，只能理解成抖威风。而整个故事当中最令人读不懂的是政府部门的态度。不管他们之前说得多么好听还是多么不好听，这座尚未定案必拆的民国建筑就这样在他们的眼皮底下——准确地说是在他们的纵容之下被拆了。

广州的老城区实在是一个很小很小的圈圈，各种各样各个时代的老建筑穿越了战火灾荒和动荡的岁月疏疏落落散布其中，犹如一家店面很小摆满精品的瓷器铺。你浑身长牙长刺还带着家伙闯将进来，不由分说地拆不由分说地建，想过历史的罪人这个问题没有？想过人在干天在看没有？或许你们都是历史唯物论者，不信这一套，OK，绝对理解，那么你们想过民心的背向没有？

说实在，老百姓对现实的要求真的不是很高。老百姓只求三餐安乐茶饭。你先拆后代管也好，你开座谈会不开座谈会也好，你按不按程序走也好，你以为老百姓真的是傻佬读不懂你们的故事？拆就一个字！之前十几二十年血红的拆字写在墙上，后来掉颜色了，改成黑字黑圈继续挂在墙上，现在抓落实了。就是这么简单。

铁路要提速，拆房子也要提速，甚至急得连一个月都等不了，急什么？怕。不是怕老百姓反对，而是怕这老房子没有机会拆了。天下熙熙皆为利来，天下攘攘皆为利往。谁是头羊？不是那个1000元卖了一副坤甸木趟栊门的小包工头吧？

吉祥坊17号已经永远不是一座建筑了。吉祥坊17号已经成为一个符号。这个符号属于深深地爱着广州的街坊。这也是一个欲望的十字架。该谁背？不知道。

别了，吉祥坊17号。

（2011年8月3日）

不舍八爪鱼，与缠绵无关

文德路文明路交界处的那座人行天桥，广州最后一座有雨篷的铁制人行天桥要拆了。小朋友们依依不舍，网上好多怀念。这几天到这里拍照留影的老的少的更是络绎不绝。“80后”“90后”的小朋友都怀旧了。我也在一个深夜去拍了张照片，放在微博上转发居然600多次，人同此心。

这座天桥叫作八爪鱼，实际上它只有四条上下通道。但是从下面看上去的确很有八爪鱼的那份霸气和灵动。这只八爪鱼作为一堆铁，曾在广州人民公园起义路口服役，后被拆迁至文德路文明路口继续为市民服务，历尽风雨，无怨无悔，鞠躬尽瘁，死而后已。八爪鱼是广州的功勋鱼，是我们学习的好榜样。

当然，八爪鱼如果真的有八条腿就更加完美了。但是世界上哪有完美的东西？八爪鱼被拆除的理由是“坡度大，没有无障碍设施，使用率不高”。有关部门对市民无微不至的关怀令人感激涕零！坡度啊无障碍设施啊这样类似的问题广州真的不少，敬请能否顺手彻查地铁出入口等公共设施？如有类似情况也顺手拆了好吗？好事做到底嘛！

值得怀疑的是，这条八爪鱼默默无闻地在这里活了十几年了，为何偏偏在它旁边的一座大厦拆棚将近完工的时候遭此厄运？我倒是要问一句，坡度大且没有无障碍设施的天桥是否都要拆？假如八爪鱼没有这个缺陷是否就真能逃过这一劫？或许八爪鱼阻了即将竣工的大厦的风水才是实情吧？

说实话，我不赞成拆除八爪鱼倒不是因为怀旧。对于一个50多岁的人来说，一座只有十几年历史的过街天桥真的没有什么怀旧的魅力。北京路从中山五路口起到文明路口这一段是步行街，于是文德路就成为确保附近地区南北东西交通小循环的咽喉了。八爪鱼的存在价值是确保这条狭小的要道的人车分流顺利通行。从文明路到中山四路这一段的文德路很短，一旦通行不畅一定会立刻引起周边交通状况恶化的连锁反应。此前不久，狭窄的文德路还划出一边做停车场，停车场的两边又是学校又是公交车站，每逢放学这里的交通已是混乱不堪，现在又把八爪鱼给拆了，给打酱油的人的想象空间都只是为了利益而非便民。我担心的是一个新的交通黑点将随之诞生。两害相衡取其轻。相比之下，什么坡度啊、无障碍设施啊等理由是不是显得很牵强呢？

安全是我的另一个担忧。网友“我是元宵”说：“请为下一代负责，请大家7时30分到8时10分到现场看看，究竟是有多少孩子需要这安全的天桥啊？附近四所学校啊！”网上为数不多的支持拆八爪鱼的声音都表示，天桥通行不便，自己平时都是违章过马路的。当然也有人反驳：试一下在所有天桥下的马路中心护栏上撕开一个洞，你看看钻洞的人多还是走天桥的人多？其实这根本不用争论。图方便是人的本性这是常识，另一个常识是：就安全性而言，比起人车平面混合通行，立体通行人车分流肯定占据绝对优势！这个路口的红绿灯不是拆了天桥才有的。有天桥尚且不能阻挡人车抢道的冲动，没有了天桥在地上画四条斑马线就管用了吗？网友“康记基地头目”说，八爪鱼拆后将成为一个交通大黑点。你们试计算下：原来的30秒东西走，再30秒南北走；现在是30秒东西加30秒南北再加30秒行人过马路。就是这30秒，必定人车抢道！

现在八爪鱼已经回到原点，又变成一堆铁了。说什么都没用。现实没有历史那么缠绵，只有见招拆招。拭目以待吧。

（2011年6月24日）

报摊，我们想要的文化名片

城中媒体引述在环市东路经营报刊亭13年的冯姨的话说，如果每个月只是卖报纸杂志，只有约1500元的收入，一家四口靠这个收入过活，全家只能喝西北风。做报摊的都是穷苦人家，这点应该是毫无疑问的，如果报摊的摊主们都喝西北风去，报摊也就该全部上西天了。

广州为何要花那么多钱去建歌剧院啊博物馆啊图书馆？因为文化，因为文明。我们的城市需要文化，我们的城市需要文明。我们的城市需要文化的名片，我们的城市需要文明的名片。道理很简单啊。但是一个有历史感的城市，一个有文化感的城市，一个有文明感的城市，可以是一个没有报摊的城市吗？

大道理我不会说，只要看看无数摄影家或者普通的摄影爱好者到了一个新的城市是拍歌剧院的多（悉尼除外）还是拍报摊的多就知道了。报摊绝对是一个城市的文化符号。我完全赞同网友柳塘风的判断。现在这个文化符号要难以为继饿肚子了，我们应该怎么办？很简单，让报摊的经营多元化，比如书店并不只卖书，也可以售卖创意和咖啡一样。以此态度以度时艰！既为苍生也为文化。为什么不？

我们这个虚荣的城市在膨胀的过程当中有一种最不好的文化叫作刮胡子文化。老房子砖墙上的斑驳青苔，唐楼屋顶上的飞榕蕨草，星罗棋布的士多的门面招牌，等等，统统要刮得干干净净，然后换上部分领导喜闻乐见的颜色。现在，这个刮胡子文化已经发展为剃眼眉文化了。呜呼！两千多年的广州历史啊，只能够隔着北京路地上的那块厚厚的玻璃，隔着警示围栏凭吊了。

一个活力十足的城市一定是每个角落都既充满了历史印记也充满了生活痕迹的城市，哪怕这历史只是百年，哪怕生活的痕迹只是来自草根。无论是剃胡

子还是剃眼眉都是极度缺乏文化自信的表现。究其本质无非是一种文化自卑。

巴黎有报摊吗？纽约有报摊吗？华盛顿有报摊吗？东京有报摊吗？香港有报摊吗？都有。它们的报摊卖些什么我不知道，但是它们的报摊都正在好好地活着，这应该是毫无疑问的。既然它们的报摊都正在好好活着，我们的报摊，广州的报摊没有任何理由要阴干。

报摊上的妹妹婆婆，理应让她们发自内心地露出快乐的笑容，让报摊的笑容成为城市幸福感的天然标志，让报摊的笑容为我们每天的生活加油——也加水——广州的天气太热啦，如果路过报摊能顺便买瓶水解解渴，皆大欢喜！

让广州报摊更好活下去！

（2011年7月9日）

草根的巴士情结

由一班“80后”“70后”搞起来的省城巴士记忆展览在一家100多平方米的私人会所开展了。去参观的人很多很热闹，展览的情景被不断用文字图片摆上网，甚至省城的巴士记忆在网民的议论中得到意外的延续。这就是重拾集体回忆的时候，市民街坊之间的文化身份认同。巴士的魅力远远超出了巴士本身。

就跟流行音乐一样，巴士也成为了记载时代的符号。一代代巴士新车型上路了，淘汰了，更新的车型再来，再淘汰，再换新车型，一条条线路开了改了关了，城市就是在这巴士车型不断的淘汰更新和线路的改变中发展扩大延伸，人一天天长大变老……然后，蓦然回首。

其实“巴士”的称谓，广州比内地任何城市都讲得早，原因当然就是香港。我们小时候叫公共汽车，后来叫公交车，后来大陆跟台湾叫“公车”，广州也有外来媳妇说“坐公车”，而本地郎则固执地说“搭巴士”。而广州人最早看到双层巴士是在香港电视剧之中，广州人曾经好希望自己的城市也拥有双层巴士，后来的确也曾拥有过双层巴士，再后来就把双层巴士废了，现在要坐双层巴士只能够到南海桂城去坐了。真真正正应了那句话：不在乎天长地久，只在乎曾经拥有。

曾经有部关于巴士的电影在广州人心中留下不可磨灭的印象——《巴士奇遇结良缘》。那时候那首主题歌人人都能哼上两句：“德叔提早收工，阿义我仲有排捱。”对于那个年代的文学青年和艺术青年而言，这部电影最大的启迪意义是，原来电影和文学竟然可以这样淋漓尽致地表现最底层人民的生活！

作为普通市民，省城巴士的记忆无非是对过去日子集体回忆的一个切入点而已。而作为专业的巴士迷，他们所痴迷的一切都是专业水准的。为了收集

一张几十年前的“更纸”——公共汽车公司使用的作业单，为了考证一款巴士的种种细节，为了制作一个等比例巴士模型，为了一张老地图，他们都会不辞辛劳继续献上自己早已不再的青春。在省城巴士记忆展览中，我遇到一位年近半百的巴士迷，现在他还是个巴士叔叔，而与他一起到场的女儿也是一个巴士迷，是个亭亭玉立的大姑娘了。还有更加小的巴士迷，只是小学生，拿着手机，对着前辈巴士迷搜集的巴士图片一张一张认真翻看，认真拍照，认真做笔记。

古人说时光流逝，逝者如斯，要对着滔滔的江水，对着江心的那块石头说。我们生活在一个城市的时代，说“逝者如斯”就要站在车水马龙的马路边，对着川流不息的巴士说。广州和香港都是巴士轮子上的城市，对于草根市民而言尤其如是。因此相比于其他旧物，广州市民关于巴士的记忆更加深刻和丰富，这是再顺理成章不过的事情。就这一点，广州人和香港人更加心灵相通。草根的城市，草根的巴士，草根的巴士情结。

（2011年7月4日）

恩宁路绝不可成为石头村

城中媒体关于恩宁路的报道中这句话惊天地泣鬼神：“我们只能期待留下物质意义上的恩宁路，不可能留下社会意义的恩宁路。”报道没有说这句话是谁说的，只是笼统地指称“有规划专家认为”。我要质疑的是：如果改造后的恩宁路变成一条保留不了社会意义，只能保留物质意义的恩宁路，那么改造的目的是什么呢？这样的一条恩宁路，广州人接受吗？广州的历史接受吗？广州的未来接受吗？

同是专家，报道中提及的广州大学建筑与城市规划学院副院长李建军令人敬佩。他虽是个新客家，却有着强烈的西关情结。他说：“把建筑和空间全保下来了，但是明天这个建筑和街道里，住的全是我们这样外来的人，真正的现代客家人，我的生活习惯，我的价值观念，最简单的逢年过节的礼数，我能演绎西关文化吗？能演绎传统的广州吗？我们演绎不了。所以，要保住广州的这个文化名片的话，还是要设法保住这个整体的空间。”我要向李建军先生致以深深的敬意！恩宁路改造尤其要谨记一个大写的人字，而不是惦记着把老房子装修成卖假古董的小店或者光怪陆离的酒吧。

作为一个典型的广州旧街区，恩宁路的生命并没有完结，远远没有完结。短短的恩宁路上至今还保留着典型的广州当代与历史紧密相连的生活方式，保留着老广州那份恬静、从容和散淡，保留着耳畔声声句句地道的广州西关音……那些人急什么？！急吼吼地要在广州历史的这个时间点上给恩宁路远没完结的生命砍上一刀，来一个粗暴的突然死亡？我负责任地告诉这些人：我们要保留的不是恩宁路的昨天，而是恩宁路的今天。昨日已经是往事不可追，谁腰斩恩宁路的今天谁就是明天广州的罪人。改造是必需的，但是改造的结果必须是让恩宁路继续作为延续典型的广州生活方式的空间而不是人去楼空。

我曾经探访过珠江西岸的一个石头村。这条村庄里的小径房屋甚至很多家具都是石头造的，家家户户大门敞开自由参观。游人如织，不见村民踪影，没有袅袅炊烟。狗没一条，鸡没一只，菜没一棵。再打听，原来为了发展旅游事业，村民们都被动员搬到山下去了。没有村民的村庄，没有烟火气息的村庄，名副其实的石头村。我不希望恩宁路成为广州的石头村。

当然，我深知恩宁路怎么改造都不会成为广州的石头村。这是一小片紧连上下九黄金地段的尚未进行商业开发的超白金净土。“人仔行开，狗仔霸啶”是必然的。不怕贼偷就怕贼惦记。一条南腔北调的恩宁路，一条类似周庄小店密布的恩宁路，一条充满了讨价还价喧嚣之声的恩宁路，一条再也没有“80后”“90后”去拍照找寻广州过去的恩宁路，已经呼之欲出！

中国历史文化名城广州近年来曾经不惜一切代价地去争取这个创造那个，为何就不能不惜一切代价地去保留好一个活生生的广州城市生活标本呢？让历史在现实中存活并且延续是多少学者文人、多少城中街坊千金难求的心愿，并不是每个老城都有这份福气，现实中的恩宁路已经天天在圆我们的梦想，这是上天对广州的眷顾，为何就要断然决然地声明“不可能留下社会意义的恩宁路”？！

在长达五年的时间里，恩宁路一再成为城中文化保育关注的焦点，规划方案一变再变，最终我们等来的却是毫不掩饰的宣言——保留物质意义的恩宁路，不保留社会意义的恩宁路！感谢这位规划专家让我们明白了什么叫作任重道远。

恩宁路绝不可以成为石头村。

（2011年7月1日）

行动起来，为民国建筑建档

城中媒体皆以大篇幅报道了百年红楼被拆的消息。这座位于广州东山的两广浸信会医院，已被查明身份并非文物。但看到造型如此优雅有历史感的建筑毁于一旦，不管是老广州还是小广州，心头还是不免唏嘘。正是：西北望长安，可怜无数山。山不用我们可怜，城里的老楼房拆一座少一座，真是可怜！

每当有老房子拆掉，街坊总会在网上哀鸣一下。可每当有这样哀鸣的声音出现，总有批判的声音伴随：不要打着集体记忆的旗号阻挡城市发展的步伐，旧的不去新的不来！喔喔。你拆，人家哭还不准！这是什么道理。几滴眼泪几条道理，无非一是不舍二是保育，如果真能阻挡你前进的脚步，那脚步也迈得太虚弱了吧？谁人见过拆的脚步被眼泪阻挡过？没有。还真的没有。

这座因为被拆而引起又一阵唏嘘的红楼让我想起了多年前被拆掉的广州唯一的一座四合院建筑北斋。拆的时候无论网上还是媒体闹出的动静都挺大，但是推土机的脚步还是照样挡不住。现在您再说广州有四合院，谁信？房子都是这样，拆掉了就再也建不回去了。

有个逻辑问题一直令人很纠结。文物不能拆，不是文物就可以拆。但是可以拆不等于必须拆啊。还有一个惯例也很令人纠结。除非毛主席在这里住过或者开过党代会，等等，否则只有清朝之前的建筑才有资格做文物。民国时期的？想都别想！而事有凑巧，偏偏从民国到中华人民共和国这一段历史，在我们的教科书上也有颇多的空白或者需要考证之处。今年是辛亥革命100周年，而广州从辛亥革命到1949年之间的房子不知还有多少存世？

说实话，对于拆我并不是全部反对。地盘就那么大，不拆，老城区很难获得新生。但是作为一座有历史的城市，历史感是必须以建筑的形式示人的。在

老房子已经拆得七七八八的现状中，是不是每打算拆一座有样本意义——哪怕只是建筑风格上——的老房子都必须慎之又慎呢？

也许制定文物保护法的人从来没有想到过，这个法律的确保护了一大批文物建筑，但是同时也成为了许多无法取得文物资格的老建筑被拆的合法借口。实际上，没有取得文物资格的老房子拆与不拆只是一个价值判断的问题。法律也从来没有规定凡是没有取得文物资格的建筑物都必须一拆了之啊。

放眼小小的广州城，建于民国时期的老建筑已经不多，而在风格样式上有样本价值的就少之又少了。我倒是有个建议，对这样的一批建筑，有关部门能否登记造册，让市民更加方便地识别和造访。这是一个没有法律约束力的登记，但是对于城市文化保育会有积极意义。以后哪怕真有人拆，拆起来也会费力一点，假如有这样一个城市建筑档案，类似北斋和两广浸信会医院这样的建筑不至于说拆就拆，永远消失。假如有关部门不愿意做这件事情，很多的文化保育团体和媒体，甚至个人都可以做这件事。

行动起来，为广州残存的民国建筑拍照片建档案吧，现在可以做的也只有这件事了，至少比眼泪有力量。

（2011年9月7日）

无掩鸡笼卖凉茶

这个世界有很多事情都是匪夷所思的，眼见不一定为实。城中媒体报道说，作为广东凉茶发源和传承重要渠道的传统个体凉茶铺，却在市场化浪潮中遭遇各种瓶颈，日渐式微。广州传统个体凉茶铺的瓶颈包括经营困难、后继乏人，等等。不看报道，只看见满街的凉茶铺，还真的以为凉茶事业欣欣向荣呢！

在市场化的浪潮中遭遇各种瓶颈？这句话好像只要说到传统工艺传统商业的时候总能听到。不管凉茶铺的现状是欣欣向荣还是日渐式微，我对这句话都表示强烈的怀疑。市场经济之前就好像没有什么凉茶铺是计划内的或者国营的，何况现在？再说，现在只要是做生意，什么不用经受市场化浪潮的考验？凭什么凉茶就可以置身事外？凉茶也好，虾饺也罢，成者为王败者为寇，谁也没有免死金牌。

我说这话的意思不是要把岭南文化的宝贵遗产凉茶推到市场经济的大潮中淹死，相反，只有市场经济才能救凉茶——如果凉茶真的奄奄一息。要救凉茶无非是用两只手，一只叫政府的政策，一只叫市场。政府不可能发红头文件命令全体市民一人喝一碗凉茶，那么要救凉茶就只有市场了，如果一个1500万人的城市每人每年喝三碗凉茶，这是一个多么大的市场规模！

说实在话，我不担心没有人喝凉茶，因为这是广州。我担心的是鱼龙混杂泥沙俱下。满街满巷的凉茶铺挂个老人头放把大茶壶就行，这是一个看起来几乎没有任何准入门槛的行当。开间凉茶铺的手续和开间士多差不多。坊间传闻，有的凉茶铺卖的凉茶之所以药力神奇，是因为放了西药，有的凉茶铺卖的凉茶为了迎合“苦口良药”的古训，竟然在凉茶中加猪胆。要声明的是，这些都是无法证实的传言。

凉茶行业有危机之说既然来自业内，那么应当是无风不起浪。报道说，广东省食品行业协会会长张俊修坦言，广东凉茶在产业化发展过程中，也面临着“山寨”的问题，“不能说随便街头开家店打着凉茶的旗号卖的就叫凉茶的，凉茶行业有一套认定的标准”。嗯嗯。市场经济是法治经济，遍地开花的凉茶铺无掩鸡笼式的经营，才是凉茶铺“式微”的原因吧。这绝不是市场化的错。不在市场中生存发展，请问凉茶还可以在哪里生存?

规范的市场是让凉茶健康生存的前提。凉茶虽然还不是严格意义上的药品，但是毕竟不是普通的“定型包装食品”。如何设置必要的准入制度和如何监管是一个值得研究的问题。从市场化的角度来看，广大民众对凉茶铺的信任才是确保凉茶在广东薪火相传生生不息的根本保证。

说老实话，作为一个广州人，我是越来越少在街上买凉茶饮了。一来是因为停车太难，二来是因为不知道喝哪一家的凉茶好。如果说遗憾的话，这当然是活在广州的无数遗憾中的一个，不过遗憾既然多了，也就不称其为遗憾了（苦笑）。

（2011年7月15日）

第四章　守望岭南文化

身处一个几乎是砸烂一切的时代，唯有忠诚的守望和专业的负责，岭南文化的重建和复兴才有指望。

文化自信就能作家辈出？

城中媒体报道说，在广州市文联主办的“广州文艺批评的回顾与展望”座谈会上，广商人文学院副院长江冰对广州文艺现状“批评”得不留情面。他说：“关注中国文学这么多年，也是中国小说榜评委，在每年送选的小说中间，广东作家的作品很难摆到台面上。”我承认，这话我作为广州人听起来是比较不自在。

我开始以为江副院长谈的是广州眼下的文学现状，正准备投降，因为确实如此。但是报道说，江冰分析，很大原因是广州的文学作品无法代表广州特色。“如果说到陕西，路遥、陈忠实、贾平凹，都是大作家……如果从一线城市来比，北京的小说从老舍到刘心武一路下来，都有京派文化的根底。上海，有王安忆这样旗帜型的作家。”如果可以这样算上过往的话，广州的文学倒不是如此的不堪。所以我无论如何先“抵抗”一下吧，哈哈，江先生有怪莫怪。

如果可以话当年，当年我也是文学青年。欧阳山的《三家巷》成为一代人的文学记忆，也让以他为代表的“岭南派”、以赵树理为代表的“山西派”和以孙犁为代表的“荷花淀派”一起，并列现代小说三大流派。《三家巷》无论是语言还是情景和叙事，都是散发着浓浓的广州特色。如果说广东作家，陈残云先生的《香飘四季》作为里程碑式的作品，在全国也绝对拿得出手，而吴有恒和他的长篇小说《山乡风云录》《北山记》在全国当然也都摆得上台。“文革”十年就不说了，偌大个中国都只有《艳阳天》和《金光大道》两本书，却道天凉好个秋。“文革”刚过，广东的文坛就百花齐放了，上世纪80年代，陈国凯、吕雷、孔捷生、杨干华、伊始等广东作家在当时的中国文坛享有不一般的盛誉。而创刊于1955年的广东的纯文学期刊《作品》立于改革开放的潮头，发表了陈国凯的小说《我该怎么办？》、王蒙的《最宝贵的》等一批“闯禁区”的作品，揭开“伤痕文学”的面纱。当时《作品》曾是全国发行量最高的文学期刊哦！对了，还要提醒江副院长的是，1998年获得第四届茅盾文学奖的长篇小说《白门柳》的作者，正是广东作家、艺术家刘斯奋……

江副院长说，广州逊色不少，根源在于本土文化缺乏自信。逊色不逊色我不敢匆忙下判断，但若要建立本土文化的自信，首先不可妄自菲薄。广州和广东不是文学的沙漠。

我们不必回避的一个现实是，文学在近十几年来的确是沉寂了许多，不但广东广州，就是全国，我们也叫不出几个作家新人的名字。开玩笑说句，会写字的人都在微博上把话说尽了，文学在哪里？谁知道。文学的沙漠化不独在广州广东，就是在全国都一样。假如真有心要为广东或者广州的文学唱一曲哀歌的话，要向着青天唱，不要光是看着珠江水唱。

其实有一个现象值得研究，首先撕开“文革”文化专制铁幕的“伤痕文学”出现在广州，曾经的广州也是中国流行音乐的大本营，曾经出品过电影《雅马哈鱼档》、电视剧《公关小姐》等在全国产生巨大影响的影视作品的广州，现如今为何辉煌不再甚至被批评为缺乏文化自信？一旦广州树立起本土文化的自信，就可以蹦出一个个老舍、路遥、贾平凹？我怎么也想不明白这个本土文化自信与作家辈出的关系。

事实上，哪怕是巴黎、佛罗伦萨、圣彼得堡这样具有伟大的文化自信的城市，也不是每隔几年就蹦一个大文豪出来的。对于大作家辈出的幻想也许只是缘于一种城市的文化虚荣，本质上和起这塔那塔是一样的，不幸的是，多高的塔都可以起，有钱就行，作家不能催生，再有钱都不行。

大作家大文豪就像大森林里头最珍贵最神秘的蘑菇一样，你不知道他什么时候冒出来，另一种可能是他冒出来了，你还不知道。

（2012年7月11日）

让广州成为阅读之城

《南方都市报》的这篇报道，给行色匆匆的广州带来了一抹宁静——构建图书馆之城。关于广州的未来蓝图，近十几二十年来年年在耳边嗡嗡作响，响得多了久了就麻木了。但这个图书馆之城仿佛一道魔咒让喧嚣立马静了下来。这是我们要的广州。

图书馆之城，这个梦想不是始于今天而是六年前。这六年，周边许多城市的图书馆建设工作，都走到了广州前头。往事不可追，现在广州重提要建“图书馆之城”了，我们的视线自然而然地会集中在“图书馆”这三个字上面。广州需要什么样的图书馆？南方都市报记者在中心城区发放135份问卷，没有受访者对现有图书馆设施感到满意，有近1/3的人好多年没去图书馆。

显然广州要建成图书馆之城，并不能简单地复制出更多的现有图书馆，顺风一撒把它们抛向各个街区。图书馆之城必须有很多图书馆，要让图书馆成为市民城市生活的一个不可或缺的组成部分，这些都是毫无疑问的，问题只是在于我们需要什么样的图书馆。

也许我们需要很小但很近的图书馆。步行就可以到达，就在自己居住的街道或小区里。有点儿类似以前的阅览室。大人小孩可以安静地坐下来阅读就好。以报纸杂志为主，也可以自带书籍。

也许我们需要很大的图书馆，大到一个城市只有能力建一个那样的规模。普通市民的日常阅读没有必要来到这个藏书大殿。这是城市顶级的图书馆，里头什么难找的书都有，来这里的人不是看杂志，也不是来做功课，更不是来这里开眼界看热闹叹冷气。来这里的人只有一种可能，就是无事不登三宝殿，来找只有这里才有的书。这里应该是学术的殿堂。说实话，我反对广州每个图书馆都闹哄哄。

也许我们还真的需要闹哄哄的图书馆。这里是孩子的天堂。这里可以追逐打闹，音乐室里面的电子琴谁都可以上去演奏一把，而这里的墙壁也可以让孩子们随意涂鸦。可以玩cosplay，孩子们随时可以变身超人蝙蝠侠喜羊羊灰太狼。当然，最重要的还是阅读。不是读那些课本上让孩子们变傻的课文，而是让孩子们尽情地阅读那些可以让他们享受到阅读的快乐的书籍。

也许我们还需要一个没有门牌号码地址、只有网址的图书馆。在这个网络图书馆的网站上，我们可以从容不迫地一边喝茶或者喝咖啡（这在实体图书馆也许是奢望，但是为什么不尝试一下呢），一边翻看图书编目，把自己喜欢的书放在“小推车”上，然后办理借阅手续，最后，请万能的物流叔叔快递哥哥把书送到自己手上。还书也是这样。就跟网购一样，当然，这是网借。

未来建成图书馆之城的广州要有无数的图书馆，但不是那种千篇一律只有大小不一样、地点不相同的模式。可以有一百个模式，也可以有一万个模式，因为建很多的图书馆不是根本的目的，让很多很多、越多越好的市民享受到阅读的快乐和文化的温情才是最根本的目的。图书馆之城，说到底还是阅读之城、文化之城。

（2012年8月3日）

消夜不是夜宵

城中媒体感叹，在广州市民要“叹夜茶”唔易揾。所谓“唔易揾”，我的理解是市民唔易揾到饮夜茶的地方，做茶楼的做夜茶唔易揾到钱。不过按照这年头的流行的法则，人活着是为了揾食，企业活着为了揾钱，一鸡死一鸡鸣，也是正路。

好啊，那就用报道引述的专栏作家郭婉华的介绍来轻轻触动我们怀旧的心弦吧。“广州夜茶一般从晚上8时半开始，一直到午夜，有的甚至到凌晨。夜茶的品种相当丰富，牛腩、油条、猪脚姜、蛋挞……达到上百个品种。在上世纪八九十年代，夜茶成了老广时尚的消遣方式，当时比早茶还要旺。”

关键词是：上世纪八九十年代。那是一个什么样的年代？上夜校，炒更，国家雄心勃勃要振兴，个人雄心壮志要发财，忙啊忙白天忙晚上也忙，忙完就饮夜茶，其实饮夜茶也是忙，谈生意的多，当然叙友情的也不少。夜茶可以挑选的品种多，价钱便宜，符合广州人抵食大件平靓正的消费原则，那时候夜茶不旺才怪！在那个年代与夜茶一起兴旺火红的还有大排档。巷口街边大排档炉火熊熊，人声鼎沸，烟熏火燎，热气腾腾……真是令人怀念！

其实夜茶并不是广州传统的饮食方式。广州传统的饮食方式之一是早茶。夜茶只能够说是一个特定年代中突然兴起又渐渐消亡的新传统。说新是因为相对于早茶来说的确太新了，说它是传统，是因为仅仅兴起了二十来年就开始玩完。不过好像也没有太多值得感慨的。我们身处一个万花筒式的时代，无论是时装还是建筑样式城市模样都是如此变幻匆匆，以至于总是怀疑自己是否活在一个真实的空间。真实感是需要时间赋予的。而所谓时间就是金钱，金钱就是一切的观念让我们一次又一次地被剥离了真实。剩下的只有幻觉。夜茶现在也只剩幻觉了。

广州的俗语说，一鸡死一鸡鸣，而古人则说，无边落木萧萧下，不尽长江滚滚来。古人还说，沉舟侧畔千帆过，病树前头万木春。其实都是一个意思。夜茶玩完，不等于在广州就吃不到夜宵了。普通话叫作夜宵，广州话叫作消夜。很有意思。我的理解是，夜宵就是晚上吃东西。消夜就是把夜吃掉。微妙。

在我们可爱的广州，哪怕夜茶因为揾不到钱茶楼不做了，大排档因为整顿市容早就被清掉了，但是要把夜吃掉的地方还是很多很多。不管是宁静的恩宁路稀疏散落的档口，还是江南西向西再向西的一路红火，当然还有在街坊中口碑极好的吃肠粉的，吃粥的，吃面的，吃糖水的，太多了！

我一直认为消夜是广州饮食文化和广州生活方式的最重要的组成部分之一，甚至可以把“之一”二字去掉。消夜的时候吃什么，去哪里吃，和谁一起吃，怎么吃，几乎就包含了广州人生活态度和生活精神的全部密码。可惜学界一般不把如此草根的题材纳入研究范畴，一说起广州的饮食文化就是大酒楼。

不管这夜茶还有没有得饮，只要广州还在，广州人还在，广州的夜还在，广州的消夜就一定还在。对于这一点我充满了信心。俗话说，辛苦揾来自在食。有什么样的自在比得上消夜呢？放下一天的辛劳摆脱白天的烦嚣，吃！连夜一起吃下去，把夜吃掉了，明天来临的时候再搏过！This is广州，广州人，广州消夜！

（2011年5月27日）

进入广州，求仁得仁

最近，广州一名独立插画师糖果猫猫举办绘画展，鸡仔饼、富豪雪糕、烧衣街，都是她笔下的记忆。一位看过画展的观众说，她愿意沉浸在画面里享受这种表达的自由，但作为老广州人，她觉得如果想获得共鸣，需要的是进入生活，而非旁观。在她的印象中，一个穿着短裤、白背心、拖鞋的男人，白天提一笼鸟去酒楼喝茶；或是一个瘦瘦黄黄的老头，在清平市场跟人砍价，然后穿着拖鞋提着菜，踢踢踏踏走在石板路上，这就是她眼中的广州人，而这些透着烟火气息的平日场景，就是构成这个城市的一部分。

这些印象的关键词是：进入生活。人与城市，无论是土著还是后来者，所谓休戚与共，就是这么回事。

是的，住在广州不等于进入广州，拿了广州户口买了广州的楼也不等于进入广州，甚至土生土长在广州也不见得进入了广州。进入一个城市的深处，以这个城市之喜为自己之喜，以这个城市之悲为自己之悲，城市的灵魂附着于他的市民之身，而市民的灵魂则赋予这座城市以山长水远的灵气。这就是进入广州的幸福所在。

可惜，并非所有的人都有这样的福气。因为城市对于他们只有功利的期待而没有情感的归宿。拆了这座楼可以卖多少钱是他们精明的算计，而多少人的怀想瞬间破灭则可以忽略不计。巴士地铁可以代步是他们对巴士的唯一诉求，而巴士从车型线路到号牌等都与他们无关。因此无论是偷走巴士上的逃生锤，还是在地铁上给小孩把屎把尿，在他们眼中都是天经地义。

事情的本质当然不是广州人还是外地人。搞乱广州谁会从中得利？对于把广州当成捞钱捞官的码头的人，广州当然越乱越好。先感到心痛的是土生土长的广州人方顺理成章。

这是我们这个城市无法面对的一个现实：广州人，外地人。前者一说起有些人虾虾霸霸，后者就义愤填膺主动把自己跟坏人捆绑在一起。而说起前者，后者又会酸溜溜地把自己在这个城市的种种不如意账算到他们头上。地域问题就像炸药，不要说一点就炸，没有雷管也会自燃。

这不是一个好城市应有的气氛。一个讲道理的广州，一个安宁的广州，一个充满机会和公平的广州，一个情义广州，一个正义广州，难道只是有益于本地人吗？

族群分裂是很可怕的事情。你越不敢面对，就越死缠着你。我敢以一个老广州的身份说，广州本来不排外，但现在这种情绪正在发酵。作为绝大多数为广州做出了贡献并且打算在广州好好活下去的“外地人”，实在应该对“外地人”三个字脱敏。我在花都做了5年外地人，在佛山做了20年外地人，有什么呢？在花都我进入花都的生活，在佛山我进入佛山的生活，我半辈子都做了外地人。

来自不同的水土又同城而居，说没有拗撬是不可能的。问题是，如果当兄弟姐妹，就大家礼让三分，如果视同水火，就针尖对麦芒，大家都活不好。

还是进入广州吧，进入了，融入了，自己方得活在广州的自由和自在，广州方得古城魅力重现的机会。孔子曰：求仁而得仁，又何怨？

（2011年5月17日）

万紫千红才是春

城中媒体报道说，广州园林局现在选了30多个地方准备建一些“花海”。建成后市民这个时间到这里去看花，那个时间到那个地方去，可以看得人心花怒放。消息还披露说，以种植紫荆花为主。当然这条以花为主题的新闻少不了把广州市民热爱的红棉摆上台。此前有媒体报道说，广州的红棉少了，但市领导调研的结果是根本没有少，反而是增加了。

广州素有花城之誉，要种更多的花，让花城更加名副其实，很好。但是新闻的一些提法让人浮想联翩。有的说，“一些花海”，有的说，“大规模花海”，让人忧心忡忡。顾名思义，既然可以称“海”就无所谓一些还是两些，也无所谓大规模还是小规模。虽然说花海是比喻的说法，谁也不能咬文嚼字，但是在“花海”的前面加了这些不知所谓的修饰成分，还是让人有一种是否又一个人工速成的形象工程的猜疑。当然，我说的仅仅是猜疑而已。

亚运会的确给广州带来了很多的花，当然，是草本的小花居多。这提升了广州人对花的兴趣。后亚运时代，城市的策划者试图把花纳入广州新的城市形象的思路，让临时摆放的路边花变成长开不败的四季花，这是一条顺理成章的思路。也没啥。

我之所以关注这条新闻是因为这条新闻的两个主角——红棉和紫荆花。今年的气候很怪。红棉花开不红，开成了黄棉花或者橙棉花，花开不茂，稀稀落落，而且花期很短，一下子就落了，绿叶子唰唰唰就长出来了。而出人意料的是，广州今年的紫荆开得特别繁盛，茂盛得好像前所未见，至少我在人民北路上班几十年都没有见过这样茂盛的，真正的繁花似锦。但是，假如明年后年紫荆开花不靓，而红棉茂盛怎么办？我的意思是说红棉哪怕不开花，树形也好威武，枝干挺拔，英雄气概，而紫荆在不开花的大多数日子里，树形真是麻麻地，有点像佝偻的中年人。因此我不太赞成仅仅因为今年这个特殊的天气年度，红棉衰紫荆盛，就同时把这两个风马牛不相及的树种一起摆上台。在做城市景观规划的时候，该红棉就红棉，该紫荆就紫荆，别抑此扬彼，也别抑彼扬此，还是大路朝天各走半边的好。

既然省城广州要建“一些花海”了，我建议园林部门不妨到邻近的南海桂城去看一看。广州的花，毛病不在于没有，而在于单调且缺少层次和错落感，比如无论什么天桥，几乎都是清一色的蓬蓬勃勃的紫色簕杜鹃。而桂城的绿化，尤其是路边的绿化，层次分明高低错落万紫千红，无论是品种还是颜色的搭配都极富设计感。那儿才是真正的花城。

绝大多数的花都是在春天开的，或者只有在春天开得最灿烂。如果要达到这个季节到这个地方看这种花，那个季节到那个地方看那种花，其结果必然是品种和花色的单调。请决策者落墨之前三思。

作为花的陪衬的树也必须引起决策者的高度重视。广州的树，恕我直言，品种也太单调了。由于急于见效也许还有养护成本的问题，到处都是小叶榕。老话说，榕树不容人，榕树太多不宜居。这是很有道理的。花城变榕城，这个趋势已经开始出现。其实说到底，无论花还是树，问题都在于单调。

单调与统一互为因果，而统一是最能体现权力意志的，也是最容易实现的，无论是花，是树，还是建筑物的外墙颜色，骑楼底的招牌，都是这样。丰富是最富于艺术想象力的，当然也最难实现。万紫千红总是春，说的就是这个意思。春天，谁能造得出来？

（2011年5月7日）

无可奈何淘金北

一名外国人居然在广州当起了“交警”！这让真正的交警情何以堪?！事情已经发生好久，照片也在网上疯转了好多天，大家都知道的。在单向通行的淘金北路，一名外国人拦截了一辆公务车，并用彪悍的中文大喊：“这里不许走，不可以的。”城中有媒体报道说，这名外国人从去年开始就时不时在这里阻拦劝告逆行的车辆，只是大家不知道而已。这真的应了“少见多怪”这句成语，一旦见到就在网上发酵了。

本地媒体有好事记者在淘金北路路口静候了几个小时，结果发现半个小时内已有四台公务车逆行。从另一个侧面印证了这条禁止南往北通行的单行线长年频有闯禁区者但如入无人之境。常识告诉我们，逆行是最危险的驾驶行为之一，其可能引发的事故后果不亚于酒驾醉驾，不难设想，如果以抓酒驾醉驾的力度去这个淘金北路抓逆行，一切都会烟消云散，这位来自国外的编外“交警”也会立刻“失业”了。

城中也有媒体同行小心求证这条短短的单行线上逆行频发除了人品车品的原因，单行线设置不合理是结论。是的，不设置单行线就不存在逆行的问题。而单行线设置合理与否，我估计一般人与交通规划专业人士的考虑角度会不一样。一般人会以该路段拥堵与否和行驶方便与否作为考量的标准，而专业人士则可能更多考虑的是该区域的整体交通疏导能力。至于这段路是否该设单行线，我不插嘴，因为我不是专业人员。

话说到这里已经无话可说了。再说下去只能够靠假设了。

假如不知天高地厚地阻拦逆行车的人不是“老外”而是“老广”，会怎么样？开车的人和拦车的人会相安无事吗？如果按常理，我想会有六国大封相。

网络和媒体会如此感兴趣吗？按照常理，答案当然是否定的。

另外一个假设是，这轮眼球热之后，淘金北路的逆行问题会终结吗？常识告诉我们，多数不会。或者可以断然地说，不会！绝大多数长期存在的问题就只会存在下去，比如濂泉路服装市场周边的交通秩序问题。这不是交警作为不作为的问题，一个城市，总有一些地方是反复溃疡无法彻底治愈的病灶。这个毗邻黄金商圈的路段，建筑物可以说是密不插针，但是道路却是羊肠小道，这种先天不足令任何治理都难免会无功而返。一再严查整治的拆牌停车也是发生在这一带。

还要说的另一句话几乎就是废话了。既然禁行牌竖立在那里，那就是法律的象征。法律无论在谁人面前都应该是一座山。呼吁所有挂各式各样公车车牌的车能够成为遵章守法的表率，而不是冲禁行冲单行的“领头羊”。

最后我想多谢这位长年累月在此阻拦违章车的外国人。你用实际行动告诉了我们几个关键词：法律，尊严，义务，表达。谢谢！

（2011年4月28日）

风雅之事且还风雅之处

“羊城新八景”盛大揭盅。本乃城中大事，据称：领导评价很高，群众参与度则为宋代以来之最。

确实，羊城八景是广州文化最重要的符号之一，比起那些没有真凭实据的“西关小姐”“东山少爷”绝对要靠谱得多。这个文化符号自宋代延续至今，都是实斧实凿的实名制。最令人感慨的是，广州的母亲河在历朝历代的羊城八景中都榜上有名，只是名字从宋代的“珠江秋月”变成了2011年版本的“珠水流光”了。时间真是像珠江水一样“流光”了。

活在当代的广州人中，记忆最深的羊城八景当属1963年评出的八景：白云松涛、萝岗香雪、越秀远眺、珠海丹心、红陵旭日、双桥烟雨、鹅潭夜月、东湖春晓。每一景，每四字，都是一个美好的意境、一幅美丽的画面。相比之下，刚刚出炉的羊城新八景就显得略输文采了：塔耀新城、珠水流光、云山叠翠、越秀风华、古祠流芳、荔湾胜境、科城锦绣、湿地唱晚。

新评选出来的羊城八景之中，居然有两个名字与灯光有关，这让我吃惊：塔耀新城、珠水流光。珠江秋月果然黯淡，不招人待见。有一首歌唱道：城里的月光把梦照亮。现在广州城的月光要靠我们的梦想才能照亮了。鹅潭夜月也成为了年轻的广州人无缘相见的过去。

1963年的“白云松涛”和2011年的“云山叠翠”说的都是同一个白云山吧，名字也立见文野高下。白云松涛，白云，既是山名也是天上的白云，松涛，既有色彩也有声音。想象的空间大极了，立体的画面感强极了，气势恢宏极了。而“云山叠翠”四字相比之下就略显平面。

“科城锦绣”和“湿地唱晚”这两个名字，锦绣用以形容景观通常与乡野农耕有关，光看名字容易把这地方当成一个农科院，科学城据说人才济济代表的是广州的未来，怎么在色彩上又倒回去农耕时代呢？“湿地唱晚”应该脱胎于渔舟唱晚：夕阳西下，一叶渔舟满载而归，渔家姑娘悠扬的渔歌随风飘荡在流光溢彩的河面上……“湿地唱晚”是什么？南沙湿地还有人打鱼吗？还是归巢的百鸟争鸣？

不好意思，今天说羊城新八景就是做一回初中语文教师了。因为我不想说哪个景好哪个景不好，只要是广州的，无论是落选的还是入选的都好。对于一个土生土长的广州人来说，哪里的景色都比不上自己家巷口的景色好。这是实话。如果说这次羊城新八景的评选有什么遗憾的话，我就一句，八景太少，应该评八十景。诸君翻看一下广州旧地图，宋代清代广州城有多大，再看看现在广州有多大？十倍不止了吧？

再说一句多余的话：羊城八景历朝历代都只是城中风雅之事，与啥旅游业GDP过去未来都没有半点关系，更非百姓的购房地图。因此最好还是且还风雅之事于风雅之处，什么800万选票都是浮云。言重了，多多包涵！

（2011年5月20日）

不易

在广州话中，2因为与易同音，所以是个极为吉祥的数字。而22那就更是吉祥，应该做什么事情都是易如反掌了。但是行驶了近60年的22路公交车偏偏是个例外。

今年5月19日城中媒体报道说，22、549、522路将暂时停运。

9天后的5月28日报载，22路车运行最后一天，数百市民送行。网上直播说，感人场面一再出现，最后一班车的司机在到达终点站时鸣笛谢幕，巴士迷泪流满面。

紧接着第二天即5月29日城中媒体又报道说，市交委澄清：22路不会撤销，调整后仍在华工始发。

而在近期所有关于22路公交车的新闻报道中，最令人吃惊的是这段话——业内人士尤先生表示："就过去来看，线路调整基本是交通部门拍板，一锤定音。有不少市民虽然通过写信和电话表达了意见，也不知道是自己的意见不合理，还是对方根本就不在乎，而未被听取。近年数百次线路调整，因听取市民反对意见而取消或者暂缓的调整只有5次。"

广州一直享有开明城市的美誉。很多做媒体的人以此为自豪而且广为宣传，很多外地的媒体人也很羡慕广州的开明。就这个数百次中的5个个案来看，广州的开明是盛名之下其实难副。开明不开明不但在于是否允许民众在法律框架内的正常表达，更在于当政者是否从善如流。言者津津，听者藐藐，你说你的，他干他的，老百姓诲人不倦，他大官人睬你都傻，这不是开明，本质上与不开明是一样的，或者更坏一点——假开明。

在一个人口千万级别的超级大城市，没有什么比公交车更加有关民生。不管什么理由的线路调整牵扯的都是千家万户的切身利益。也许有人因为你线路调整了天天要早起半个钟头，也许有人因为你的调整要从转一次车变成转三次车，每天的交通支出也因此而增加。你调整的理由也许是毋庸置辩的，但同时又是冰冷冷的：客流量、收入平衡、成本效益；但是对于老百姓来说却是针针到肉。你知道广州还有看着公交车站牌买楼的街坊吗？

说回这条叫人百感交集的22路公交车，它承载的不单是沿线居民的出行方便，更有广州人的历史和情感。说停就停了，人家泪洒一路地告别完你又出来澄清。算怎么回事？虽然早前的公告也说了是暂停，但没有说保留22路的编码更加没有说要重开啊。一句话分两次说，又算怎么回事？晓得尊重居民感受的城市，才是一个好的城市。开明也好文明也罢，最终目的是让人心情舒畅，而不是开口及着脷，无论是公告还是澄清都让人心口一阵堵。

广州越来越多的青年人迷上了巴士。对于公交公司来说，本来是一件大好极好的事情。但是据我所知，很多巴士迷在拍巴士或者巴士站场的时候都要被骂被赶。我百思不得其解：人家爱你才拍你，你赶他们做什么？

那天我在看22路最后一班车的网上直播时在想象，如果22路最后一班车的司机在到达终点的时候，交委主任上车与他一起鸣笛，并把鲜花绑在号牌上，四周是巴士迷的此起彼伏的拍摄闪光，那是一幅多么感人的图画。可惜公交公司和行政主管官员，都与巴士迷们的距离太远了。这个演绎着城市公交车与市民的浪漫情怀的场面只是我的幻觉。而据说当时有一个真实的情景是，有一个初中生表示：长大了要当交委主任，恢复22路！

（2011年5月31日）

为星光歌唱

《南方都市报》的报道说，广州市民政局公布2010年“三公”支出，公务用车购置及运行维护费过千万元，占了“三公”经费支出的近七成。虽然数据让人不悦，但我们毕竟仰望到了星光——以前老百姓根本无从知道为自己服务的公仆每年要花多少个大洋来招呼客人、自己出国和坐车，当然也包括坐车执法。

之所以说是星光而不是阳光，因为穿透黑暗的星光也是光但是很微弱，而这样的“三公”经费公开只是相对于之前多少年一直处于秘密状态来说是非常重要的进步，但是就阳光下的社会监督的意义而言，这种公开的实质意义不能说有多大——比如说，谁都没有充足的理由去指正或者指责：广州市民政局一年花了1000多万元在公车上是多了还是少了，同理，他们一年公务接待费用是300多万元，到底是吃好了还是没吃好还是根本没必要吃。

公共预算观察志愿者发起人吴君亮说话比我更直截了当。他就对媒体说：“现在这样简单粗糙地给出一个数据，根本就无视市民要求‘三公’经费公开的真正意图，有忽悠公众之嫌。”他认为，将执法车辆和领导用车等合并列出过于笼统，无法消除市民对公务用车的疑虑。公车支出除了要单列公务执法用车和领导用车，还应该公开每个单位公车数量、排量、型号等，让市民一目了然。接着他的话，我也壮着胆说一句：公务接待的客人名单和就餐酒店及菜单能公开吗？这样的要求看起来似乎很有刁民腔，但是也唯有如此所谓社会监督才可以到位。只有一个个空洞的数字，社会监督实在是老鼠拉龟无从下手的。或者可以打个折，如果告诉小市民不方便，那么对人大说也行。不过人大本身也面临这“三公”消费公开的问题。呵呵。

面对公务接待花了300多万元、公车用了1000多万元、出国用了100多万元这堆数据，普通的老百姓实在是很难判断这钱是花多了还是花少了，哪怕你已经勒紧裤带熬得很辛苦，老百姓也不会给个good给你。但是哪一笔钱该花哪一笔钱不该花，哪一笔花多了哪一笔花得好，老百姓这个判断能力还是有的。今天的时代所有的价格基本都在网上，老百姓要做出判断就更加容易了，除非你决心不让老百姓做出这个判断，所谓公开只是应付了事。这就难怪公共预算观察志愿者发起人吴君亮说你忽悠了。

我想起了一件往事。一位在香港做工会工作的朋友曾经对我说起他们的尴尬。他们与内地同行交流，内地同行车接车送还有宴请，当然都是公费的；而内地同行到香港考察，他们就犯难了，因为他们既没有公车也没有宴请预算。只好的士接送，另加几个骨干凑钱宴请。“三公”消费有的在现行制度下是天经地义的，而事实上却并非那么天经地义。最近不是有这么一条新闻吗？一传出禁止用公款喝茅台，茅台的价格竟然应声大跌！古今中外谁见过如此的经济奇观？

天上有诸神保天下各方平安，神力无边但是供奉的费用倒是公开约定俗成，逢年过节请香几炷顶多烧猪一只就算对得起天地。而地下诸多部委办局职能部门，要供奉起来一年到头该花多少却是一笔神仙数。这不能不说是非常反幽默的。正因如此，“三公”消费公开的呼声才会一年强烈过一年，而政府的回应也逐渐从不以为然到步履蹒跚。动好过不动。我这话渐渐地就已经扯远了。

（2012年6月13日）

广州能盛产中产乎

香港上周发布的一项调查显示，逾半市民认同香港已出现“收入中产、生活基层”的穷中产现象。高达六成的市民认为政府对中产的支持不足。被问到日常生活中遇到最大的困难是哪一方面，结果显示，前五位依次为居住问题（46.6%）、医疗服务（9.2%）、事业发展（8.0%）、子女教育（8.0%）、税务负担（6.7%）。这条新闻让“中产阶级”这个字眼再次出现在对城市问题的思考题中。

中产阶级是城市必须面对的问题。一个理想的城市，中产阶级应该是幸福感最强的，因为他们的收入最稳定富足，他们的存在是市民社会的稳定器，也是草根赖以生长的沃土，在城市文化上，中产阶级的生活方式引领城市时尚的潮流，成为他们的后备军——小资产阶级向往的风向标。当然，这是一个非常理想的状态。

什么人才算是中产阶级？书上没有定义，文件没有规定。每个人的判断都是凭自己的感觉。有人说月入过万就算中产阶级，甚至有人说月入八千也算。这要看在哪里和看那是谁。在穷乡僻壤月入一万就不只是中产阶级了，简直是财主！而在广州这样的大城市，月入一万如果还要供楼八千，那就连做个小资都勉强，只能够是苦熬日子的小白领。不用供楼就算中产阶级了吗？也不尽然。有人住别墅还十几二十年地供。谁人愿意把宝贵的现金压在不动产上啊？

我觉得中产阶级不能用收入数字来量化。在我的感觉中，中产阶级是那些类似大公司中的高管之类的阶层，还有就是那些各行各业中身怀绝技的专才都很有机会成为中产阶级。年纪不会太小，当然也不会太老，业务能力超卓，收入较高而且稳定，生活基本没有供楼之类的大项负担，一句话讲完就是衣食无忧有点闲钱有点爱好有点品位的那些城里人。

理论上一个城市的底层是草根劳动人民，收入低，体力劳动强度大，再往上是小资产阶级就是小白领之类的脑力劳动者，再往上就是这个说不清道不明的中产阶级了，最顶层就是那些大富豪——自己有很多很多的钱，也欠银行更多更多的钱。有个著名的比喻这样说：理想的城市阶层应该是橄榄形的。穷人少超级富豪也不必太多，这是两头尖；中产阶级在中间越大越好。

在这个憎人富贵嫌人贫的时代，中产阶级很容易被人误认为“有钱佬”。很多仇富的流弹也毫不留情地射向无辜的中产阶级。不知道是不是这个原因，内地媒体也好，各种各样的委员代表也好，极少为中产阶级发声。为草根说话尽管效用不彰但是至少可以赚个好名声，为富豪说话不用说是会有好回报的，唯有这个中产阶级，他们自己不说话就好像没有人会为他们说话了，而偏偏作为衣食足知荣辱面皮特别薄的中产阶级是个既不爱说话也很难为自己说话的阶级。

这就是文章开头这条新闻对于我们的启发意义了。在一个城市当中，必须有人为中产阶级发声。必须有人去关心他们的困扰，解决他们所遇到的现实问题——就跟解决草根阶层所遇到的现实问题一样。而更加重要的是要防止新闻中所提及的“收入中产，生活基层”的倾向，说白了就是中产阶级的劣质化。一旦中产阶级开始走下坡路，受害的会是整个城市。因为中产阶级本是一个城市乃至全社会最重要的稳定器。

从本质上说，中产阶级的状态最符合广州人的人生追求，不求大富大贵，但求衣食无忧。广州有各种各样五花八门的城市蓝图，什么国际化现代化大都市，什么宜居宜创业城市，等等，照我看，广州比国内任何城市都更有理由也可能更有条件成为盛产中产阶级的城市。若然，城市有光明的希望矣！

（2012年5月7日）

莫负春光

2012年的春天真的来了。春城无处不飞花，田野地头也是姹紫嫣红，青蛙开始叫了，虫儿也开始鸣了。城中媒体报道说，广州不少农庄都举办了街坊亲子自然课的体验活动，让孩子们了解自然、热爱自然。这挺好的。

以前有一个词很时髦，叫革命的熔炉。这个词现在回想起来很可怕。你想想，什么东西丢到熔炉里那不全部都化了。幸好那只是一个比喻的说法。现在的城市倒真的是一个大熔炉。无论什么样的孩子在城市里头其实不是关在家的小屋子里就是关在学校的大教室里。再往远说一点点，喝的是装在盒子里的毒牛奶，吃的是盒饭里的地沟油，玩的是电脑iPad，走的路永远是家里的铁门外面到学校的铁门里面的两点一线……哪怕孩子身上有爱因斯坦的基因，都分分钟被熔化再铸成呆头木脑的痴呆儿。记得我曾经看过一组雕塑：每个孩子的身子和脸都是方的，尽管五官和衣服不一样。这是城市是孩子的大熔炉的最好佐证。

不知道大家有没有注意到，城市的孩子只有学期的概念而绝少有季节的概念。其实城市里头的大人又何尝不是如此。古人说，春游芳草地，夏赏绿荷池，秋饮黄花酒，冬吟白雪诗。哪怕已经是成人，哪怕有一点点文化，有一点点积蓄和一点点的时间，又有多少人会有如此的兴致？大人如此，大人的孩子们会对蚯蚓蜜蜂蚂蚁有兴趣吗？不会的。对新款的游戏和游戏机可能兴趣要大一点点。

除了城市生活节奏急促，城里头的娱乐项目太多，人的心绪太躁之外，孩子们与四季的隔绝也许与他们的爸爸妈妈的出身有关。现在城里头很多的父亲母亲都是来自农村。四季总是与劳作联系在一起，而劳作又是与艰辛联系在一起。他们千辛万苦地考学打工进城，不正是为了让自己的孩子永远不要活在农村年复一年的四季里吗？这是一种非常令人伤心的世代情结。当然，也有聪明的父亲母亲会时不时带孩子们到“模拟农村”去走一走看一看，甚至种种菜。他们想让孩子在无忧无虑之中分享自己童年的快乐。我这里说的“模拟农村”就是现在广州周边地带城乡接合部方兴未艾的“农庄”。

今天看报纸说，国外有专家预测，到2050年地球的人口就要达到100亿了，而到时候会有80%的人住在城里。而农村已经几乎无地可耕了，人类将面临着空前的粮食危机和农业危机。怎么办呢？现在已经有建筑师在设计立体耕种的大楼了。通俗地说，就是盖一座摩天大楼，层层都是农田，铺上泥土用来种稻谷小麦蔬菜。

今天看这条新闻好像还是天方夜谭。但是30年前假如有人说要让汽车在楼上行驶您相信吗？现在广州满城都是高架桥，这不是盖座楼让汽车跑是什么？当然，准确地说，是修一道道连绵不断的桥让汽车跑。底下没有河流修桥干吗？城里没有路让汽车跑了，有时候修一层两层都不够，还要修三层呢。幸好对这一切我们都已经见怪不怪了。想想当年我们还是小孩，广州建起第一座立体交叉桥时我们是多么兴奋，哼着小调走着路去看大北立交。世界在变。变得越来越回不去了，趁着现在还有农村，还有四季，各位家长真的要莫负春光，带着孩子到农村去。等到你们的孩子做了父亲母亲的时候，也许真的只能够在楼上种菜了。不知道楼上的菜地里可有蚯蚓？楼上的油菜开花时节，来采蜜的蜜蜂会不会迷路绕不出去？

（2012年4月6日）

把本土的旗帜插上舞台

差点玩完的香港新光戏院，再一次赶在租约期满前续命。

港媒的报道说，救下这个香港粤剧圣地的盛世天剧团，计划4月中为新生的新光戏院揭幕。剧团总监元海接受专访时指出，将设委员会挑选优质剧团演出，并注入新元素，引入舞台剧、栋笃笑表演，同时举办游客导赏团，务求让新光成为传扬本土娱乐文化的舞台。

这是一条值得珠江三角洲尤其是广州借鉴的思路。

谁可以救粤剧和其他地方戏曲？一定是观众，更主要的是靠剧团和剧团的投资者。但是我看报纸的报道说，全国人大代表、广东省戏剧家协会主席倪惠英在全国两会期间接受媒体专访，谈及粤剧的生存和发展，思路还是要靠政府扶持，甚至希望政府能拨款买票，让学生去看。

站在剧团的角度，由政府出资给学生买票当然好，用省剧协主席的话来说："不用多，每年包50场、70场演出的门票……"至少剧团可以保底了，但是这个方法能够救粤剧？打死我也不信。

香港人救新光戏院的思路是本地娱乐大舞台，是引入优秀剧团、栋笃笑、话剧、舞台剧、金曲夜场，等等，强调本地娱乐，多元并举，做旺戏院，并且争取将新光戏院做成游客前去朝圣粤剧的新景点。

同样是为了振兴粤剧和本地文化，一个是雄心勃勃地靠创新让老戏院满血复活，另一个则指望政府给学生买票让粤剧苟延残喘——当然名堂是为了孩子的艺术教育。两种做法，泾渭分明。

说句老实话，现在的孩子，政府的叔叔阿姨把戏票递到他们的手中，他们就会去看粤剧爱粤剧吗？我看未必。爱的自己掏钱进剧场也要看，不爱的贴钱给他们都未必肯进去。

常识告诉我们，要振兴粤剧离开了剧场是无所作为的，打造一个广州的“新光戏院”势在必行。商业社会无论做什么，人气都是第一位的，这是我对香港做法的理解。门户之见流派之争，传统与现代之间的偏见与壁垒，通通可以忽略不计，应了那句话，大家好才是真的好。

关键词是剧场和舞台。要让观众重新进剧场，演出必须重新登上舞台。没有了舞台的精彩，哪有传统戏剧戏曲的振兴？远的不说，德云社能够在北京最富贵的soho落脚就是最好的佐证。

通过媒体的报道我欣喜地注意到了，倪惠英的身份已经是广东省戏剧家协会主席而不是粤剧团的团长了。最有条件牵头把各种本土舞台艺术拢在一起打造一个属于广州人自己的本土剧院的人就是倪主席！与其求诸政府买戏票，不如自己救自己！舞台精彩了，剧场兴旺了，粤剧何愁不复兴！

也许有人会骂我不懂艺术搞拉郎配。是的。在中国，艺术是很难由得别人插嘴的。因为圈子。哪怕同门同宗也有圈子。想挣钱的时候嫌粉丝少，想表现自己鹤立鸡群的时候嫌人多。所以我对倪主席的期望值也许太高了。但是事实摆在我们的面前，香港人就准备这样做了。

关键不是品种和流派，更不是圈子，而是本土。一荣俱荣，一损俱损。剧场不旺，不是谁占谁的便宜的事情，而是谁也占不了便宜的事情。

也许还有人会把传统舞台艺术的不景气归罪于流行音乐。可是流行音乐也不容易啊。广州的大型演唱会就靠港台外地的那几颗老星星了，近年来广州本土冒出的新星能有几颗是人气爆棚可以开大型演唱会的？大家心中有数。

所以关键词不是艺术还是流行，也不是传统还是现代，而是本土。广州的本土文化无论传统还是现代，流行还是艺术，就现状而言早已乏善可陈，所谓文化大市强市，恐怕早就是写在报告上自娱自乐的东西。

还是脚踏实地聚集本土各种舞台艺术品种流派，举起本土文化的大旗，从振兴广州本土舞台开始做起吧。为振兴而振兴是没有出路的，如果行的话，早就行了，怎么会沦落到要请政府出钱为学生买票的地步啊？

（2012年3月12日）

粤剧进花市，善哉善哉！

《南方都市报》的报道说，迎春花市鼓励引入粤剧和杂技。原来是广州市政府办公厅近日印发了《广州迎春花市组织管理办法》，除了规定各区布局与开放时间，还提出要开展文化活动，烘托节日气氛，鼓励有条件的花市引入粤剧、杂技、歌舞等文艺团体表演。这是多么好的天大的一件好事啊，支持！

粤剧和其他地方戏曲一样不景气这话已经说了几十年了，而过年“睇大戏”本身就是珠江三角洲乃至粤语地区的传统习俗。花市睇大戏，你给粤剧一个机会，粤剧还你一个奇迹，何乐而不为？

当然猜都猜得到这条新闻假如有人质疑的话，一定是安全问题啊、人流控制啊、甚至摊位租金啊，等等。是的，除了这些问题，粤剧进花市一定还有其他很多的具体操作上的问题，但是所有的问题归根结底只是一个问题：值得不值得？如果值得，那么剩下的问题就是如何克服具体的困难。如果觉得不值，那么一切都可以免谈。

实话实说，现在对粤剧还保持着一如既往的热情的人绝大多数都是人又老钱又有的老人家了。不要说振兴粤剧，就连让粤剧不要绝在当代已经是一个迫在眉睫的大问题。缺少了政府的推动和民间力量的参与，粤剧的命运只会是一路风雨飘摇。所以这个值不值的判断，只能够由政府来做，只能够靠民间来支持，用广州话来说，就是要靠大家撑！

政府对于西洋歌剧的热情是让人叹为观止的。无他，哪怕城中懂歌剧或者热爱歌剧的人只是金字塔尖上的极少数，只要政府觉得值，歌剧院大剧院没问题，盖就是，而且样子还要古灵精怪，内部设施还要对得起今后一百年。但是粤剧呢？政府并没有说值不值得去投资去花大力气，但是看着粤剧一路危危乎地走过，政府实际上已经把值不值的答案大昭于天下。

对粤剧和西洋歌剧的大细超，值与不值的价值冲突是显而易见的。对于老百姓而言，粤剧叫大戏，而西洋歌剧叫作鬼佬大戏。这已经充分说明了平民百姓对歌剧的最质朴的定义。所谓鬼佬大戏，意思就是说西洋歌剧无非就是洋人的家乡大戏。热爱是他们的事情，自然就像本土人士热爱粤剧一样。但是官府不这样看。你花大钱起一个粤剧大剧院能收回多少洋人的掌声？盖一个大歌剧院就不同了，洋人鼓掌不鼓掌且不提，至少可以在境内回收一个国际大都市的虚名。其实做人也好，建设一座城市也好，往往都是被虚名所累。命！

现在总算看到一丝曙光了，我希望无论是政府职能部门还是民间文艺力量都来大力支持这个粤剧进花市的事情。不要一说到具体的困难就打退堂鼓。大家一起努力让广州的2013年至少有一个花市，我们能够听到粤剧的锣鼓声！善哉善哉！

（2012年3月3日）

凤凰要把高枝占？

城中媒体报道说，位于广州市新中轴线上、海珠湖南端的280米高的“岭南之门”将与广州塔遥遥相望，成为广州的城市新地标。这个项目总投资为25亿元。看看报纸上登的这个地标建筑的效果图，我大吃一惊，像个瘦瘦长长的“八”字，我不由得想起相同造型的佛山新广场入口，不过那个“八”字是扁的，很矮，现在已经拆掉了。当然，佛山的那个“八”字被拆不是因为不好看，而是因为东华里的成片改造。这是题外话了。

前段时间看到海珠区的远景规划，作为未来“广州之珠”，这里的目标是生态城，要打造具有岭南水乡特色的生态城市示范区和建设花城水城绿城的样板区。这个生态城里头有万亩果园、海珠湖、黄埔古村，要集会展商务、总部经济、园林景观、文化创意、宜居休闲等功能于一体。那么，现在突兀地建个两百多米高的超高建筑，就是为了爬上去看风景？

作为观念上的现代化城市，必须有摩天大楼，有玻璃幕墙，有笔直的超宽的马路，有车水马龙，有高高的电视塔——哪怕不发射广播电视信号只用来装摩天轮……这已经成了一种城市发展的偏执。估计现在的决策者的“城市现代化”初始印象，都是来自自己少年或者青年时看到的西方电影。是的，这是上世纪中叶西方资本主义发展最蓬勃时期的城市模样。我们正在做的事情，也许是今天西方城市也正在为之反思甚至后悔的事。没有办法，后变的人总是不得不学着先变的人。所谓跨越式发展，说说而已。

俗话说，凤凰要把高枝占。平时爬两三层楼梯都气喘吁吁的人们，出去旅游只要一见到山就总要想方设法爬到山顶。城市建设也是这个思路，有一座高楼就一定要再建一座更高的楼，楼建不了就建塔，不知道这是一个什么样的定律的魔力使然。之所以说是魔力，是因为建高楼，高的更高，这股力量谁也抗拒不了。也许有人会把建高楼归咎于政绩工程，我不这样想——假如认识到高楼太多太密了，给城市带来诸如交通堵塞、热岛效应、消防隐患等重大弊病，决定不再建高楼尤其是摩天大厦才是真正的政绩工程。

还有一个定律，叫作劳伦斯指数，也叫摩天大楼指数。1999年，经济学家劳伦斯根据过去100多年的资本主义经济的发展历程，总结出世界最高大楼的开工建设与商业周期的剧烈波动高度相关：世界最高大楼的兴建通常都是经济衰退到来的前兆。过去100年，摩天大楼指数频频“显灵”，记录惊人。最著名的记录是20世纪20年代末至30年代初，华尔街克莱斯勒大厦和帝国大厦相继落成，之后纽约股市崩盘，并引发全球经济大萧条。1997年吉隆坡双子塔楼取代了西尔斯大厦成为全球第一高楼，接着亚洲发生金融危机。作为中国改革开放的产物，金茂大厦在封顶前后也遭遇了1997年东南亚金融危机的洗礼。

不要以为这个劳伦斯指数是魔咒，或者摩天大楼与风水有关。经济学家认为在衰退前的“非理性繁荣”期，象征总是比实质更刺激。在繁荣阶段，宽松的货币政策和财政政策往往会鼓励大型项目的投资，摩天大楼是最直观的体现；而投资则可能进一步把经济推向更加繁荣。但由于过度投资、投机以及随之而来的货币紧缩政策，衰退和萧条最后终于不可避免地到来。

我有点儿扯远了。我也衷心希望这个什么鬼劳伦斯指数在广州失灵。既然西塔建起来了，广州塔建起来了，就不在乎再多建一座“岭南之门”了。假如说，“会当凌绝顶，一览众山小”是中国人古已有之的愿望，为什么我要阻止“岭南之门”在海珠生态城屹立呢？天将破晓，我还是洗洗睡吧。

（2012年2月16日）

守望岭南文化

《南方都市报》的报道说，广东省住房和城乡建设厅日前发布《广东省岭南特色规划与建筑设计评优活动获奖项目名单》，经过半年的评选，广东省的69项建筑和规划项目成为新时期代表岭南特色的城建杰作，广州有30项作品上榜，成为代表岭南建筑特色的“重镇”。先祝贺一个！

挺好的，不是一般的建筑奖，而是岭南特色的建筑奖，当然还有规划。岭南的水土气候天地花草人文生活空间，这是广东省首次针对2000年以后的新近建筑规划项目进行的评选，旨在保护岭南特色传统街区和建筑，弘扬岭南建筑文化。不管谁拿奖拿了什么奖，有这个评选活动本身就是身不由己地被裹挟在大拆大建的历史洪流中的广东建筑界的一次重要文化觉醒，所以要祝贺的不光是拿了奖的人，而且是我们的岭南文化。

无论是在广州、佛山还是深圳，无论是行走还是开车，在很多地方总是有一种心神不安的恍惚感，用时髦的话来说就是穿越。恍若自己置身在北方的某个二线城市。星移斗转，这种穿越感越来越频繁出现。我不是说北方城市不好。北方城市在北方就好，犹如岭南城市在广东就好。一方水土养一方人，一方水土造一方城。什么样的城市是好的城市？让人感觉舒服的城市就是好城市——让人舒服，就是不要和老天爷土地爷对着干，拧着建。

我不知道获得金奖的项目城区范围里有没有那种万恶的透明候车亭。有的话我建议要把那金奖给他撤了，直到能够遮风挡雨挡太阳的候车亭建起来才好把那个奖杯发给他们。广州这种城市建设的败笔比比皆是，好像设计师是在沙漠长大的，其实在沙漠长大也晓得候车亭必须能够挡太阳和风沙啊。说起来就生气！

报道中有个细节令我特别心痛。从文化公园建筑群到广州老体育馆、从友谊剧院到矿泉别墅，这些建筑大多遭到了破坏性改造，广州老体育馆更是遭到整体爆破拆除，在城市空间中永远消失。据初步统计，在广东59个优秀当代岭南建筑中，目前已有10个被全部或者部分拆除，另有13个建筑被改造后，也与原貌相去甚远。因此，艺术设计学专家冯原就认为，目前广州建筑存在的问题，一方面是伪民间建筑的盛行，另一方面是对真正有历史价值的岭南建筑视而不见，甚至随意改造或拆除。这正是片面地理解岭南建筑所导致的同一个恶果，其真正的原因在于历史观的一个谬误，这种历史观通常只把民间建筑等同于历史的载体，而忽略了新中国成立以来的优秀建筑本身是更值得重视和保护的历史。我曾经多次说过，要认识和保留好离我们最近的历史。我又不由得想起了北斋。

不管是作为岭南文化重要组成部分的岭南建筑，还是岭南文化本身，都是一个动态演进的发展过程。近年来，拆的速度快于建的速度，破的力量大于立的力量，作为符号的存在多于作为城市空间、建筑和艺术实体的存在，从某种现实意义上来说，这个动态的演进过程在事实上是被粗暴地终止了，这的确令人郁闷，准确地说是气愤。

现在广东的建筑界觉醒了。而且在这个旨在弘扬岭南建筑文化的首次岭南特色规划建筑评选中，岭南特色规划设计奖和岭南特色乡村民居奖的金奖分别空缺，宁缺毋滥，其中透露出来的文化精神和专业精神给人以信心。身处一个几乎是砸烂一切的时代，这种文化守望精神和专业负责精神十分难能可贵。

唯有忠诚的守望和专业的负责，岭南文化的重建和复兴才有指望。前路漫漫，诸君还须隐忍前行。不嫌弃外行的话，我将同行。

（2012年2月15日）

北上广的颓

广州社情民意研究中心前几天发布了《2011年北上广个人工作感受》民调报告，三地各自领取了一些“最不满”的标签。仔细分析这份民调报告，发现结果很有意思。

广州市民对工作的多方面满意度不高，最不满意“工作压力程度”，这个结论给我的联想是：广州职场的竞争太激烈了，而且竞争的现状和结果对于职场中人乏善可陈。而北京“工作压力程度”“工作稳定度”方面满意度居三地之首，最不满意“工作薪酬”，给我的联想是北京的职场竞争相对有序上轨道，但由于楼价太高，在北京生活压力太大了。至于三地“对工作成效”的满意度集体偏低，则暗示北上广的职场都难以给人以成就感，打份工，养家糊口而已，难以论及事业云云。10项指标中满意度最低的“加薪与升职机会”，则从一个角度印证了我国的中产阶级远未成形，而且职场的上行通道与社会上行通道的状况一样，极度缺乏流动性。总体而言，北京、上海、广州三大城市的职业现状都只是停留在干活拿钱，一分钱一分货的水平。没有理想主义可言，离职场和人生的激情都很远很远。

但是，另外一个结论似乎还在暗示着什么：三地受访者对工作状况的总体满意度较高，其中，对“同事关系”的满意度高达77%，居10项指标之首。这个结论试图在指出，本来合情合理的“工作是工作，生活是生活”并非如今职场中人的生存状态。相反，工作就是生活，生活就是工作似乎成为了常态。这也难怪，回家对着亲人扣除睡着的时间，每天可能顶多三两个小时，而和同事相处每天至少八小时，如果加班加上不时的饭局和卡拉OK之类，甚至要超过十个小时。把同事当成朋友甚至亲人一样好好相处，把工作当成生活来享受，是大家不自觉的努力。不问成果效率，只求大家和谐高兴，这俨然已经成为了职场的普遍风气，也难怪，在上升无望的情况下，这似乎也是唯一可以追求的了。

假如要用一个汉字来概括以上联想，我的选择是：颓。不是不思进取，是找不到进取的通道，不是不追求效率，而是无法追求效率只好退而追求关系了。这使我想起了改革开放前夕的企业单位——没有效率，成就感与勤奋和智慧无关；做又三十六唔做又三十六，加薪与努力无关；同事之间亲如兄弟姐妹——没指望的、低质量的但也不乏快乐的职场生活。

假如要用一句广州话成语来概括这种现状，我想应该是：阿驼行路，中中哋。比上不足、比下有余既是大家都有望达到的职场目标，也是大家都不约而同地要竭力保住的职场硕果。

我不由得想起了意气风发的上世纪80年代。人生必称奋进，单位必说改革。未来怎么样？谁也想象不出来，但是《明天会更好》成了响彻神州大地的同一首歌。有意思的是，与那时候相比，无论是住房、汽车还是吃的穿的喝的玩的，现在都是人在天堂，而过去似乎顶多脚踩大地。

端起碗吃肉，放下碗骂娘。与上世纪80年代相比，现在的人怨气怒气都大了很多，那时候固然没有网络，但是吃饭聚会还是有的，怨气真的没有这么多。倒是人人在谈论发达的梦想——当然，艺术家和科学家们谈论的是文艺的春天和科学的春天。

不管是在职场还是在人生，希望比什么都重要。希望若是被金山银山买断了还好，至少可以醉生梦死。最悲催的是：希望被鸡碎那么多的薪金买断了，那是进退维谷的人生。

（2011年12月24日）

广州需要粤剧殿堂

城中媒体报道，创立于光绪二年（1876年）的荣华楼，近日迎来了135周年生日，但遗憾的是，由于面临铺租上涨压力，这家百年老店将被迫改变传统经营模式——这座广州现存为数不多的百年老茶楼至今仍保留唱粤曲的传统，这意味着，街坊又少了一家“又平又靓兼有粤剧听的茶楼”，茶可以继续喝，粤剧就冇得听了。感叹之余要说一句大实话：迟早的事。

首先，粤剧如今在省城已经风光不再。过去虽然四乡（编者注：以前广州的四个郊县番禺、花都、增城、从化）也有戏班，但粤剧发烧友要看高水平的粤剧演出，还是要坐船坐车到广州来。现在，要看粤剧恐怕真的要到珠江三角洲的“乡下”去了——佛山包括顺德的粤剧气氛就比广州要浓厚得多。

其次，听戏看戏的人以老人家居多，尤其是茶楼不是戏院，有粤剧听无非也是招揽生意的一种手法，当然也不排除有弘扬传统文化的热情和动机。但是正如茶楼方面对报界所言：“每天下午2时到5时，粤曲茶座10元一盅两件，包茶水又能听粤曲。”这样的生意在物价不断涨、铺租年年步步高的广州怎么做?

说到传统文化的保育，永远是声音很大成效很小的。让粤剧灭亡这样的事情谁都不答应，但是试问各位老广州新广州，你一年会看几场粤剧听几场粤曲，上几次类似荣华楼这样的粤曲茶楼？我自己诚恳地回答：一次都冇。若然只是为了撑场而去，那只是友情或者感情。没有了真正的需求，就像鱼离开了水，无论如何伟大的传统都会竭泽而亡。粤曲在荣华楼唱不下去，只是传统在现代都市生活中式微的一个缩影。

然而，无论政府还是民间，若是有心，加一灶火既是应该也是可能。一只田鸡四两力，若然大家出力，粤剧粤曲的彻底消亡至少是可以推延的事情。

比如说，粤曲茶座虽然不能天天开，但能否一个月开一次呢？又比如，现在这选秀那选秀多如牛毛，为何不能来个粤剧粤曲为主题的选秀呢？又比如，小朋友学钢琴学提琴学芭蕾，为何不能开个班教小朋友学粤剧呢？亚运会开幕式可以请人来唱首“落雨大，水浸街”，为何不能敲锣打鼓上演一出六国大封相呢？总之，若要弘扬，无论是政府还是民间，并非完全没有发挥的空间。只是利益时代，文化保育说穿了，吃力不讨好不讨利。当下的现实是，无论电台还是电视台，要想看到听到一出完整的粤剧都很难，甚至能够听到一首完整的粤曲都难。世道如此，荣华楼的粤曲茶座“停播”，真的没有什么意外需要长吁短叹。

广州人把粤剧叫作大戏，以前说睇大戏就是看粤剧。广州人又把西洋歌剧叫作鬼佬大戏。每逢路过歌剧院之类的宏伟建筑的时候我就醋意盎然。如果政府像对鬼佬大戏一样热情百倍地对待粤剧粤曲，粤剧粤曲又何至于潦倒到如此地步！说实话，我也不相信广州有多少万人看得懂甚至热爱西洋歌剧。至少我固执地认为，在广州看得懂粤剧并且热爱粤剧的人一定会比看得懂热爱西洋歌剧的人要多得多。说到底，不是一个千年老城的审美判断的问题，而是一个号称现代化国际城市的价值判断的问题。

是的，假如有人问你：哪去了？答曰：去看《托斯卡》。多有面子！多么气派！如果回答是“去听粤曲，10蚊一盅两件”，那那那，那几乎是说不出口的呀。我其实也一直发自内心地支持歌剧院，我觉得广州真的需要有这样一座音乐的殿堂，但我也希望，广州还能多一座粤剧的殿堂。现在，两座殿堂，一座在珠江边，一座还在梦里。

（2011年12月28日）

新年音乐会不等于城市音乐灵魂

《南方都市报》的报道说，2011年除夕之夜，那一晚，羊城新年音乐会的观众接近1万人。2011年12月14日至今年1月15日期间，在广州以“新年”作为招牌的音乐会，超过30场。以广州大剧院为例，新年期间要接待的国外顶尖演出团体，达到12个。

这个数字看起来有点惊人，但是把这1万人平摊在1500万的广州城市人口里面，那1500人里头才出现一个听交响乐过新年的高雅之士，这实在也算不上是什么惊艳的文化大事。湿湿碎啦。

听交响乐过新年这事儿说难也挺难的。首先观众要有文化品位，哪怕听不懂哪怕平时也不怎么听，但是至少要认可音乐的审美价值，哪怕只是把交响乐或者新年音乐会和身份等九不搭八的事情扯在一起。何况还真的有人什么都不为，就只是爱音乐的呢！一个1500万人口的大城市，有1万人爱音乐，多乎哉？不多也。何况据说票价不菲。伦敦爱乐乐团的演出，最高票价2880元；想现场感受德国波恩贝多芬交响乐团的魅力，起码要花680元，如果坐在VIP位置，价格是1680元。这就是第二个难了，爱音乐或者承认音乐的价值，自己还必须有钱。假如广州是一个理想的城市，那么，这个城市就必须有很多很多的市民是属于中产阶级的，他们热爱音乐，他们还花得起钱去听新年音乐会。从这个角度来看，1万人在交响乐中过新年还是少了一点点。

据我所知，珠江三角洲的一些城市不但有新年音乐会，还有中国春节的除夕音乐会，甚至还有元宵音乐会。为了更加容易请到演出团体，他们不但在时间上与广州等中心城市错峰，而且在品种上除了西洋交响乐之外，还有民族音乐。一个人文的城市必须是一个音乐的城市，不管是广州这样的超级大都市还是珠江三角洲城市群里的各城。20年来，新年音乐会在广州乃至珠江三角洲蔚然成风，且渐成新传统，给了我们一个欣喜的希望。

当然，既然是新潮事物，扎堆以及各种的遗憾在所难免。新年音乐会并不等于就是城市音乐的灵魂。晚上我们打开收音机，还是很难听到一部完整的交响乐作品，相对而言，城市的夜空不是胡说八道的医生就是不成章法的流行音乐节目编排——从一个城市的电台的流行音乐的编排风格中我们很容易辨别出这个城市的音乐审美价值观和音乐能力。而现在无论是广州还是珠江三角洲，电台的流行音乐编排基本还谈不上风格，瞎对付吧。流行音乐当然是城市音乐当中最重要的组成部分——没有之一。

从写评论的套路讲，我写到这里就必须转入写建议广州的歌剧院音乐厅在平时也多搞一些高端的交响音乐会，让更多的市民分享到人类精神文明的财富云云。但是我不这样写。因为我不相信离开了元旦这个节日的依托，广州还会有哪一夜会有整整齐齐的1万人在音乐厅里度过。对于音乐，尤其是西洋古典音乐，因风尚而爱，和因爱而爱，是完全两回事。

上世纪八九十年代，广州曾经史无前例地经历过包括古典和流行音乐在内的音乐黄金十年，也许是十年多一点的时间。流行音乐就不用说了，彼时的广州是中国流行音乐的大本营。中国的流行音乐就是从广州出发的。哪怕是在当时人们还觉非常陌生和艰深的西洋古典音乐，也借着音响发烧的翅膀飞进多少寻常百姓家。许多没有音乐教育背景，甚至连普通高等教育背景都没有的老百姓，逐渐成为乐迷。这段黄金岁月已经离我们越来越远了，甚至很多受过高等教育的“80后”“90后”，现在他们对音乐，不论是西洋古典还是中国古典都提不起兴趣来了。如果哪位记者有兴趣明年做一个在交响乐中过新年的广州人的年龄构成调查，那将是一件很有意思的事情。

广州，什么时候才可以成为一个夜空中有古典音乐的城市？假如年轻人不听，广州的夜空注定没有古典音乐。当然，他们也许会去听新年音乐会，因为这毕竟不是内心需要，只是风尚。

（2012年1月5日）

有关方言的两个共识

方言和地域的问题，历来容易成为网上反应过敏的话题。我觉得这是因为，越来越多的方言正在越来越被边缘化。其实不但广州、上海、杭州、南京，甚至北京——普通话标准音的发源地，都面临着本土语言边缘化的问题。与此同病相怜的是，各个大中城市的老房子老建筑越拆越少，人们失去根的痛感越来越强烈。地方语言所面临的问题早已远远超出了语言，也超出了文化。有鉴于此，不才以为，凡在讨论与地方语言相关的文化议题时，不可不顾及民众的心理感受。

首先我们必须要确认的一个共识是：方言不是普通话的敌人。普通话被各种行政力量推广已经超过半个世纪。改革开放以来、中国城市化运动这一二十年以来，普通话已经成为不同方言民众之间的公共语言，更不要说早已成为在公务、教育等所谓正式场合的法定语言了。这种地位，没有任何一种方言可以挑战。

其次，官方和民间也须逐渐达成另一种共识，语言的多样化是文化的多样化和生活多样化的必然选择，而延续了不知几千年的中华民族的语言的多样化趋势正在衰竭，这是我们必须要共同面对的现实文化课题。使用统一语言并不是问题，但如果因为一种语言使其他方言被取代或生存空间被压缩，则过犹不及。无论是一个人还是一个族群，会说一种以上的语言绝对是好事。有的可以精通，有的可以略懂，有的可以“识听唔识讲”。语言素质也是各人素质的重要构成，也是民族素质的重要构成。欧洲小国林立，一个人会讲几国语言非常寻常，而中国是个人口超级大国，若只会讲一种语言，在文化上无论如何说不过去。

当然，我认为造成这样的偏差，板子不应该打在普通话身上。问题只是出在凡事爱走极端的行为惯性。俗话说，东西南北中，发财到广东。广东是五湖四海的人最聚集的地方，毫不夸张地说，广东早已经成为普通话的大省。没有普通话哪来的人际交往？没有普通话哪来的经济发达？由此可证，广东最有条件给方言留出足够的生存空间。上课讲普通话当然没有问题，下课了孩子们之间讲几句方言有什么大碍呢？每个人都是阿妈生的都有自己的母语，统一官方语言理所当然，回到自己旧时伙伴之中，又何必放着童年的母语不说？

广东有多少种方言？据说三大类70多种！其实我是不相信这个数字的。很多地方，走出十里地口音甚至方言都不一样。何止70多种。更好玩的是，四邑话虽然与广州白话同属白话语系，但四邑的乡亲大多数听得懂广州白话，而广州人绝大多数不会听四邑话。这是多么精彩而丰富的语言生态！天若有情，这样丰富的语言生态在我们这代人的手里，要像蓝天白云青山绿水一样留给子孙万代才好！

（2011年12月20日）

不妨从文化周末开始

上个周末的广州，“处处是流动的盛宴”，文艺活动种类之多、层次之高，让人有应接不暇之感。方所新张、广州书墟、巴黎圣母院……还有我在扉艺廊策展的“银盐飞影——一个人与后工业时代的黑白对话”。这个现象也被媒体和文化圈洞见到，我觉得，文化周末应成为广州之常态。这样一个文化的周末让我们看到广州新文化强大的内生力量。这恰恰是广州文化的希望之所在。

我的关键词有两个——广州的“新文化”和“内生”力量。

一说起本土文化，我们都有很多的感慨，而且也有很多的固定印象。比如骑楼，比如早茶，比如粤曲粤剧，等等。但是这些都只是属于传统，而我们也深知肩上的责任重大和无奈。无奈之处在于广州不能永远以骑楼早茶和粤曲粤剧作为自己文化的永恒象征。身处21世纪，作为中国南方最大的城市，也作为中国最著名的大城市北上广深中的一员，广州需要有属于这个时代的新文化。而这种新文化不可能是政府各种文化工程打造出来的人工“景观”，这种新文化必须具备由这个城市内生出来的力量所催生、所壮大、所弘扬的基本要素。

刚刚过去的这个周末让我们看到了广州的这个希望。无论是讲座、书店、影展、戏剧……这仅仅是一个周末呈现出来的广州新文化的图景。无论是由商业推动的还是非营利纯艺术的，我们都可以感受到非常强烈的本土文化的内生力量。

长期以来，人们都有一个巨大的误解，就是文化需要重视，这里所说的重视，不言而喻当然是来自行政权力的重视，重视的后面是资源的倾斜和权力的承认以及推广，等等。这毫无疑问是必需的，但是远不足够。文化本是文人艺术家之事，亦是普罗大众之事，等着被召进宫皇恩浩荡临幸承露，就文化本身而言，不能说是死路一条，也是小概率事件。作为一个有两千多年历史的古城，广州理应有其生发于自身的属于这个时代的新文化。只有不断地生发，不断地壮大，不断地创造，广州的本土文化才能够在其伟大的传统文化的托举下升腾并给城市带来持续永久的文化活力。这种新文化的创造主体只能是来自本土的艺术家和市民。

我做策展人的摄影展——“银盐飞影—— 一个人与后工业时代的黑白对话”的主人公张衍飞，就是一个地地道道的广州人，半生坚守机械相机，半生坚持银盐黑白摄影，他的这个古典相机收藏暨黑白摄影作品展震撼了当天到场的艺术家影友和普通观众。另一位本土艺术家陈本，当年的视觉艺术实验展“都市文身”，也给了广州一个惊喜，而不经意之中，他当年的这批当代艺术作品竟然已经成了广州的城市肌肤的历史档案。这位在广州土生土长的油画家和张衍飞一样，默默地走自己的路，几乎一直游离在主流话语方式之外，让自己的画展开在广州、开在法国。张衍飞的摄影作品也在国际上获奖无数，但是直到他的影集出版、摄影展开幕，人们才知道原来广州有这样一位摄影艺术家和古典相机收藏大师。

坚定地走自己的路而不事张扬，是广州本土艺术家的特质。从个人的品格审美角度讲，这无疑是完美的，但是这也屏蔽了我们发现广州本土内生的新文化的视线。我们身处的毕竟是一个推广和商业的时代。这就更加需要行政权力和媒体去细致地发掘发现和推而广之了。

广州的文化自在与这个城市生活的自在是密不可分的，散淡而不急功近利的处世之道是艺术成长最好的土壤，这一切广州都有。也许作为个体的艺术家，谁也不会把文化大市、文化强市之类的目标作为自己肩上的重负，文化大市、文化强市的目标之实现最坚实的基础正在于无数这样自由散漫的艺术家。假如说有什么事情艺术界、商界乃至城市管理层是可以积极推进的话，我建议不妨从文化周末开始。

（2011年12月1日）

口味犹口音

@南都广州发起了一个网络投票，内容是：蔡澜说广州的粤菜蛮难吃，你同意吗？结果，5300多名微博用户参与了这个只能单选的投票。赞同蔡澜观点，认为广州粤菜不如香港粤菜的占20%；反对蔡澜观点，认为广州粤菜仍然正宗，超过香港的占73%；而选择没有吃过，打酱油的占7%。这个投票帖有500多条跟帖，令人觉得好玩的是，用文字跟帖的网民绝大多数认为粤菜正在走下坡路，与投票中高达73%的认为广州粤菜水准超香港的盛况形成了鲜明的对比。

实际上我们都知道，无论是蔡澜先生的即兴发挥还是网络投票跟帖，都不是一种内涵外延非常精准的表达。蔡澜也许还没有吃遍广州，参加投票的5000多名网民也没有吃遍香港，广州与香港两地顶级酒楼与顶级酒楼的相比，大排档与大排档的相比，就个人而言，能够真正拥有发言权的人还真是不多。这只是个话题，这个话题是由大家对粤菜的命运的担忧而引发的。毕竟广州是粤菜大本营，毕竟“食在广州”是岭南文化的重要组成部分。

有一位名叫@Ken_Zzzzzz的网民说：对比上一次喺香港吃饭竟能吃出小时候的记忆，广州粤菜真系退步唔少。我不知道这位网民贵庚，我年过半百与他感觉一样。虽说世界上唯一不变的就是变化，香港的粤菜在变，广州的粤菜也在变。为什么香港的粤菜让我们吃出了小时候的感觉，而广州的粤菜会让我们的这种感觉渐行渐远呢？这的确是个问题。

铺租人工、灯油火蜡、食材等成本香港比广州贵这应该是毫无疑问的，但就普遍口味而言，哪怕不跟广州比，粤菜在香港还是保持得如此地道，这是一个很有意思的话题。大而概之我猜原因无非两个，第一，从食客的构成看，香港虽然号称国际大都市，现在又开放了自由行，但是绝大部分的食客依然是本地人。而广州外来人口和本地人口的比例已经是一半一半，甚至是一小半对一大半。香港只要是本地人多，本地口味就一定占据主流。变可以变，但只是为了迎合本地市场的求新口味，所以能够万变不离其宗。而广州就难说了。第二，从厨师角度看，香港做粤菜包括云吞面、牛腩粉等小食的厨师都是本地人居多，不像广州的厨师三山五岳，口味各异。

其实口味的形成犹如口音。作为母语的方言会给人说话的口音打下终生不可磨灭的印记，不管成年后这个人使用的是什么语言；童年饮食习惯所形成的口味，也构成了一个人贯穿终生的饮食审美。有的人以为做粤菜比讲粤语容易，这是错误的。做得像讲得像容易，做得好讲得好难。不只是粤菜粤语，什么菜什么语都一样。作为一名厨师，假如不是土生土长，要做一手好的粤菜的确不容易！

说回网上为什么高达73%比例的网民投票反对蔡澜的说法，我觉得倒不是说这些网民都是吃遍了省港才来做一个客观的判断，而是哪只孔雀不热爱自己的羽毛？！蔡澜先生是著名的美食家这个大家都知道，但是你说我们广州的坏话就是不行！哈哈，请蔡澜先生多多包涵了。我倒是在想，如果蔡澜先生说香港的粤菜差过广州的粤菜，会不会有70%的网民投票反对他呢？

香港的粤菜好一点还是广州的粤菜好一点，这一点那一点都不重要。重要的是无论香港还是广州大家都来关心粤菜的命运，关注粤菜的话题，这样粤菜才能够兴旺。说到这一点我更加不担心了。广州人香港人都一样，讲起食就精神。大家都为之兴奋的事情，一定能兴旺！只是美食家蔡澜先生受委屈了，呵呵。也算是为粤菜做牺牲一回吧。

（2011年8月27日）

风雨中抱紧豉油

本来汽油和LPG涨价，广州的士也跟着涨价是一件颇为顺理成章的事情。就好像猪肉涨价了，很多小食店的云吞不是变小了就是悄悄地少了一粒，或者干脆涨一蚊。也不见有关部门召开云吞面涨价听证会。但是这次广州的士涨价听证会引起的社会反响很大，不但成为网上和城中热烈议论的话题，俨然成了全国舆论关注的中心。这有点儿怪。

我的判读是：涨价不是问题，涨价的听证过程大有问题。换言之，市民接受你涨价，但是不接受你涨价的方式。回顾这次听证会，从一开始，方案一方案二的抛出就是预设涨价的前提，方案一是涨，方案二也是涨。而对于出租车公司的盈利状况，物价部门却是讳莫如深。到听证会召开时，广州市政协委员韩志鹏被拒之门外，更是将舆情的不满推到高峰。恕我直言，还没涨价就把活儿干得这样窝囊，行政能力之低下，对于社情民意的判读能力之低下，有关部门真的要反思一下。

俗话说，拔出萝卜带出泥。这次麻烦百出的的士涨价听证还顺手牵出了的士司机的承包费——又名管理费、份子钱、班产——的问题。有关部门的回应是拒谈，理由是与这次涨价无关。有关部门在这个过程中还不断放出雷语，比如搭乘的士是奢侈消费、不涨价影响广州形象，等等。整件事看得最清楚的是政府部门坚定不移向出租车公司输送利益的立场，确保出租车公司的旱涝保收。

为什么云吞涨价波澜不惊，而的士还没有涨价就满城风雨？因为广州没有四大云吞公司。这店那店，云吞味道如何价钱高低，食客可以自由选择。当然，也有云吞不涨价的，不是因为猪肉没涨价，而是店家衡量利弊，涨价就会失去市场，宁可利润微一点甚至只求保本都要保住市场，正可谓“风雨中抱紧豉油”。

广东省政协常委孟浩在自己的微博上把话说得很清楚：对于出租车，政府其实只要设定一个准入门槛就行了，出租车公司完全可以取消。车子也就10多万元，凭什么卖那么贵？所谓茶水费事件就是因为中间多出来的管理环节，赋予了权力寻租的条件。现在出租车不是多了，而是少了。你看现在大街上餐馆多如牛毛，怎么没听说餐馆多了？

是啊，出租车无非也是车一辆。买车有4S店，违反了交通规则有交警，违反了客运条例有运政，修车有车厂，价格监管有物价局，哪一块都不缺管理者。至于牌费，直接交给政府就行了。这些仅仅是充当包工头角色的出租车公司真的有存在的必要吗？广州满大街都是卖云吞面的，怎么不见有一个统一管理的公司？

我有一个推论不知道成立不成立：假如的士真的与公益无关只是奢侈消费，那么政府撒手好了，全部交给市场，届时广州马路上跑的的士有红旗也有劳斯莱斯，有平有贵，丰俭由人，根本没有必要统一车价。假如的士是城市公共交通的组成部分，政府要保障的仅仅是市民有车可打，而不是出租车公司必须有钱赚。让市民消费者承担油价气价上升带来的出行成本上升是有理由的，但是无论是政府还是市民，任何人都没有义务去出钱出力，确保作为企业的出租车公司盈利。作为企业的出租车公司再强大也只是企业一家，也须和云吞面店一样，“风雨中抱紧豉油”。

（2011年7月20日）

一个端午节足矣

《南方都市报》的报道说，刚从韩国首尔参观清溪川回来的广州市政协委员耿树森，在接受南方都市报记者采访时表示，广州不妨整合全市水资源，每年举办一次“亲水节”。这位政协委员的理由是：“在水资源如此丰富的广州，例如温泉游、漂流游和滨海游等都是旅游主打的产品，每年仅仅举办一次横渡珠江这样单一的群众活动，是远远不够的。”看到这位先生关于广州之水的宏论，我既为先生热爱广州和爱水的情怀所深深感动，同时也想和先生谈谈我的看法。

引发这位先生的亲水情怀的是：“自2005年以来，广州市大力推进污水治理和河涌综合整治，水环境持续改善。”对于水城广州的市民来说，这无疑是一件本该早办的大好事情。广州常年无冬，有水自然有人玩，媒体不是最近报道说，“东濠涌惨变游泳池”吗？我真不知道惨从何来？若然指称的是不安全，那加强安全措施就是。广州的孩子都是玩水长大的，不惨，不惨。也不用人为地设置一个什么“亲水节”来号召全民亲水。您到芳村花鸟虫鱼市场去看看，再到广州各处有水的地方去瞧瞧，就知道广州人天生是多么亲水了。

我发觉可能我的言说的方向与这位政协委员走岔了。他眼中的亲水也许不是广州百姓天性中的玩水，而是类似“温泉游、漂流游和滨海游等”“旅游主打的产品”。哦，原来这个提议中的所谓“亲水节”是类似荔枝节之类的商业促销节。这在我看来就有一点点无聊了。本来我们有很多节日，比如元旦国庆端午中秋之类的，挺好的。后来不知为何陆陆续续增加了许多号称是“节”的日子，这些被增加的节除了引进的洋节日之外大都分为两个类型，一是什么不吃香就设什么节，比如“环卫工人节”，再就是希望用什么来赚钱就设立什么节，比如“荔枝节”“啤酒节”等。我尊敬环卫工人我也爱吃荔枝，但是极度讨厌这类无中生有的“节日”。

这位政协委员把现在每年一次的横渡珠江的活动称为“群众活动”也是不符合事实的。这是为了宣示广州的治水决心和检验治水成果的政府活动。无论哪个群众或者哪堆群众都没有能力也没有可能组织这样声势浩大的每年一次的横渡珠江。这是需要特别指出的。正因为如此，每年横渡珠江之后，记者采访带头游珠江的各级领导和群众都免不了要问到今天水质如何之类的话，而回答总是满面笑容地说好，一年比一年好！

呵呵，有什么事情比“一年比一年好”更好的呢？我倒是希望在未来的日子里，水质如何的问题永远不再有记者问到。只有这句话永远不再说起，珠江水质一年比一年好才是真的，真得大家都习以为常才行。只要这个问题还在横渡珠江的时候被提起，这个问题就始终是一个问题。

珠江之水不是长江黄河水，珠江不会咆哮，珠江也不会一泻千里。珠江的性格是淡静的。这是我们广州母亲河的性格。广州的性格也因此得之。我们在为广州艰苦卓绝的治水的步步进展而感到欣喜的时候，能否像珠江一样淡静，别忙着提醒城中街坊我们已经取得伟大的成就，更别忙着用小小的初步成就赚钱。就让珠江和广州的大小河涌在我们的努力下慢慢变清，让我们终有一天能够对广州之水的清澈习以为常……

哦，对了，还得提醒一句，如果硬要设立一个什么“亲水节”的话，广州和全国一样都有一个叫作“端午”的节日。端午节就是一个古已有之的现成的“亲水节”。无论是民众亲水还是商家以水为媒赚大钱，一个端午节足矣。

（2011年7月16日）

非裸无以聚焦

广州再次和国际接轨，也有裸骑了！大学城某自行车店发出的消息——本周六将举行首届“裸骑”，年龄不限，男女全裸、半裸均可！这个倡议发起仅一天已有50多人报名，其中包括几名女生。当然，裸骑不是为了情色也不是为了锻炼身体晒太阳，而是为了号召环保，希望自行车出行有更好的环境。

世界上有什么广州就会有什么，世界上真的有男男女女裸骑呼吁环保的，当然也有裸骑被警察抓走的——智利圣地亚哥今年的“世界裸体自行车日”就有7人被警方以“伤风败俗”的罪名逮捕。环保是一件很有教养的事，绿色给人的感觉是生命的旺盛和温润，但是倡导环保的事情却要搞到这么富于对抗性，让人难以接受。

说回周末即将在大学城上演的这个裸骑吧。环保是个大事情，自行车出行是个好事情，假如非裸无以引起注意，那就裸吧。卖车可以裸，卖楼可以裸，卖浴缸可以裸，卖化妆品可以裸，卖衣服的也可以裸，为什么骑自行车不能裸？既然法无禁止，裸就裸吧。个人权利而已。

问题可能在于，一帮人一起裸，而且是骑着自行车在众目睽睽之下招摇过市，这样犯不犯法我就真的不知道了。这一点主办方也许应该主动与管理部门沟通，闹出不愉快就不好了。一帮青年才俊男男女女不穿衣服上街，这注定是好多人关注的事件。也许关注点不在环保而在裸，但是关注了裸也就顺便关注了环保，如果冲突既起，不让裸就是不让环保的糊涂逻辑就会成为情绪的助燃剂。不要啊！

此外，公序良俗也是问题。大学城这么多年基本除了大学生就差不多荒无人烟了，几十个人裸个体骑个单车，我看没有什么太坏的影响吧？都是青年

人，好说！用行话说一句：在可控范围内。如果几十个大学生在天河城裸骑，我就不赞成了，毕竟男女老少本地外地先锋保守各色人等太多，意见不同起纷争就没有必要了。

人们总是把裸和色联系在一起，而一旦公开地色了，那就算伤风败俗了。这个推论在现实环境中应该是成立的。既然是风俗，必定是无论是精神内核还是礼仪形式都得到全社会公认的生活习俗。而是否伤风败俗的判断标准则在于是否违背或破坏了这种被公认的生活习俗，当然包括审美形式和审美判断在内。

裸是美。这是审美判断。在公众场合一丝不挂是丑行。这是审美形式的价值判断。现在的挑战在于：社会已经越来越裸越来越色，难道真是越来越丑吗？或者反过来说，持这样观点的人是否落伍于这个伟大的时代？时代需要激进者去创造，时代也需要保守者去制衡。但是现在激进的不多保守的犹豫，实用者最多。有个段子说：某单位招工，考了道填空题：一丝不____。结果只选了两种人：填“一丝不挂”的女人和填“一丝不苟”的男人。哈哈。实用主义万岁！

大学城裸骑活动不管最终搞不搞得成，一个“裸”字已经吸引这么多眼球。这个活动最大的受益者应该是发起者。而经验告诉我们，每逢与裸相关，总会有成百上千的“摄影爱好者”端着长枪短炮前往观战。周六的活动如能顺利举行，关注的焦点是裸人还是自行车还是宏大的环保主题？呵呵，看看车展就知道了。

（2011年6月23日）

广式服务，创意无限

广州真是个创意无限的城市。为应对高峰期打的难，五星级的中国大酒店为吸引出租车司机送出免费午餐盒饭。这件事，值得八一下。

首先，这是一面小小的镜子，折射出广州交通高峰期打的真的难，难到连五星级酒店都要出招了。其次，这是一种解决问题的态度。在这点上真的要大赞一下中国大酒店。客人出门打不到的只是广州的交通问题，不是酒店的责任，但是酒店为客人着想出个小招，其实也不一定能招来多少的士，虽然客人还是得站着望穿秋水，但心里头的感觉就完全不一样了。心平自然气和。

一个大城市自然会有种种解决不了的问题。这些问题都可以统称为大城市病。交通肯定名列前茅。而高峰期打的难就是其中的病症之一。从大环境讲，车多路少是一个绝对的矛盾，高峰期走不动，都堵在路上了，哪怕你再增加的士也是枉然。具体从打的难的问题讲，市民当然希望的士的数量越多越好，好像上世纪80年代那样随便站在路边哪怕是一举手挠挠头都有的士扑过来最好，但是的士太多，司机如何搵食？每天的交通高峰期就那么几个小时，剩下的近20个小时怎么办？的士司机搵唔到食，广大乘客就有好果子吃？所谓大城市病，就是那些医得头来脚反筋的无法解决的老大难问题。

正因为如此，解决问题的态度，与街坊感同身受的态度就显得格外重要了。如果按照某些人的习惯思维推论，客人打不到的士是交委的事情，要派盒饭也该交委派，凭什么要酒店派盒饭给的士司机，那就简直无路可行了。把问题变成机会是公共关系实战中一个很常用的方法。此案例的最高诉求是高峰期真的多了来店的的士，缓解大门口住客等车的压力，而最低诉求是缓解等车住客的焦虑，向他们传达了一个明确的信息：你的问题就是我的问题，我正在想办法解决你的问题。

作为一家五星级酒店，这张派饭的小卡片只是公共关系实战中的一个小CASE。但是作为一个像广州这样的大城市，这样的小CASE就显得实在太少了。我们只是看到问题，只是看到各个职能部门对自己的职能范围和非职能范围的强调，只是看到空泛的大话，但是却很难看到类似这个派饭的小卡片所承载的诚意。

诚意是面对种种大城市病时非常稀缺的城市态度。这是非常令人纠结的事情。所谓怨气，开始当然是因问题而起，但是却因缺乏有诚意的反馈态度而被放大进而恶化。突然想到一个很荒谬的建议，反正广州不差钱，能否花高价钱在国际上请一家高水准的公共关系公司来打理我们整个城市管理层的PR（公共关系）？也许公共关系做好了并不能解决任何实质性的问题，却能够缓解由各种各样的问题所带来的所有问题。

本来为人民服务就是一个最根本的态度。但是随着时光的流逝，为人民服务的精神也在逐渐流逝。既然价值观解决不了，就用公共关系的技术手段来解决吧，这不失为一个可能的选择。派饭卡咯。

（2011年6月22日）

音乐是城市的灵魂

城中媒体报道说，广州大剧院票价高昂街坊摇头，或成富人俱乐部。好事来的。如果广州的富人们都去听歌剧了，广州大剧院成为了富人俱乐部，真是广州的福音。

这条新闻告诉我们，广州市政府一改国际、国内剧院运营由政府补贴的惯例，实行“零补贴”“零编制”模式。在北京的国家大剧院、上海大剧院、广州大剧院三大国家级剧院中，唯广州大剧院票价最贵、场租最高。其实这也是好事，政府零补贴，有人看得起，有人看不起，歌剧院就在那里。广州要的就是有一个歌剧院就行了，认真你就傻了。

其实歌剧啊交响乐啊什么的在我们的心中是很神圣的东西。之所以觉得音乐神圣，是因为自己不懂音乐，因而不敢轻易去评说。高山仰止的意思吧。广州是一个奔向国际化的大都市。因此就跟名山必须有座庙一样，广州也必须有一座歌剧院，有一座电视塔等。以后可能还要有一座摩天轮，或许吧。反正别人有的我们一定要有，哪怕这个别人并不是所有的欧美大都市，而只是其中一个都市而已。好在广州已经有海关的大钟楼，否则的话也许还要找个地方建座大本钟。由佢啦，中意点就点。反正不建这个就建那个，总之目标就是国际化的大都市，有样学样就是了。

广州有句话叫作你买鸡我出豉油。歌剧院就是鸡，管理维护费用就是豉油（酱油的意思）。现在是政府起了个伟大的歌剧院，但是唔好意思，豉油钱政府就不出了。为什么国际上和国内所有的一流歌剧院都是有政府补贴的呢？因为要维护一个歌剧院的费用太大了，比维护一个鸡笼要多得多。报道说，广州大剧院一年维护费用就要4500万元！怪不得票价这么贵了。

其实贵也有贵的好处。其中一个好处是可以控制入场人数，有利于场地保养，跟用拥堵费减少交通流量是一个道理。第二个好处是既然票价这么贵就让广州大剧院成为富人俱乐部好了。提高一下广州富人的素质太好了，开发商以后不强拆了，一边放波尔卡音乐一边文质彬彬地和老百姓谈判，多好！唯一的担心只是广州的富人买不买古典音乐的账？

说实话，广州大剧院的票价成为全国之最，最闹心的是那些真正热爱古典音乐的、暂时还攀不上中产阶级台阶的小资产阶级。想听又太贵，不听又不甘心。这才是真正的问题。中产以上的阶层无所谓，钱不是问题。而小资以下的比如说搬运工送水工看单车的老头，离这些东西实在太远。如果小资听不起，这座大剧院再宏伟也只是一个壳。也许广州真的只要有这样一个壳就够了。在外面照相挺漂亮的啊。

音乐是一个城市的灵魂。假如这个灵魂因太贵而拒人千里，或者因政绩需要而被贱卖，那么这个城市难说高贵。不要以为平民的城市不需要音乐。广州本来就是一个属于音乐的城市，正是因为音乐——当然还有绘画——广州这个平民的城市才有了骨子里的高贵。

有领导决心要让广州成为最受“白骨精”欢迎的城市。“白骨精”其实就是我上文说的小资产阶级。光有房子租还不行，要有听得起的音乐，进得去的展览，这些才是“白骨精”选择大城市的追求。给点补贴吧，让广州大剧院成为广州古典音乐的大本营，成为广州“白骨精”魂牵梦萦的天堂。OK?

（2011年6月10日）

不为生活，活着为什么

媒体报道说，广州生活质量指数跃居全国第一了。结论来自中国社科院和首都经贸大学联合发布的《中国城市生活质量指数报告》。作为广州人，我表示淡定。广州的生活质量全国排第一也好，排最尾也好，不过是相比较而言，广州的生活质量就是这样了，不会因此有任何的改变。

每当类似排行榜出炉总要引起议论。实际上城市还是那个城市，生活还是那个生活，排名前一点，在祖国各地人民面前面上有光，排后了面上无光而已。作为一个普通市民会觉得，这种排名只是虚荣而已。但是作为管理一个城市的地方政府，这种排名就很重要了。所谓政绩往往就是靠各种各样的排名体现出来的。

说实在话，活在广州是挺幸福的。首先是到处可以消夜，虽然大排档已经消失得七七八八，可以吃夜宵的地方越来越少了。瓜果菜牛腩面随处可买可吃，大小酒楼饭店星罗棋布，丰俭由人。要高级的有完全可以同国际接轨的西餐厅，要风味的甚至可以在咖啡厅抽阿拉伯水烟，各色地方风味小饭店密布城中各个角落。这是最大的幸福感。没地方吃东西，或者一到晚上10点钟就找不到地方吃东西的城市，生活质量不会高到哪里去。

广州的生活质量高的第二个方面，在我看来是民间意见与管理者的互动比较积极。通俗地说就是一个相对开明的城市。一个小姑娘为呼吁光亮工程的透明度可以给发改委竖拇指送皮球，居然发改委也回应了并且接了球。这在其他城市也许不可以想象。不过，民意与管理者之间的互动表面看热闹，实际上有一方缺乏真诚，难免有只为程序不求结果的嫌疑。

此外，在北上广三大中国一线城市之中，广州的楼价算是最低的。这点也是广州人生活质量得到保障的重要原因。假如因为供楼捂住荷包不敢消费，这样的城市谈何高质量的生活？

要说广州好，完全可以不断句地一口气继续讲下去。一言以蔽之，广州不是一个政治气氛很浓的城市，也不是一个财富逼人的城市，广州本来就是一个属于生活的城市。这种城市的性格和现实，使广州成了一个属于生活的城市。活在广州就是精彩。我想这应该是广州成为中国生活质量指数最高的城市的根本原因。

人活着到底为什么？无数人会问别人问自己。从这个永恒的幼稚问题延展开去，一个城市活着到底为什么？这也是一个很有价值的问题。如果只是为了GDP，那么建工厂盖CBD就好了。工厂和CBD都可以挣钱挣GDP，就是不能挣幸福。广州越来越意识到这一点，所以我们的生活质量就高了。

说实话，就北上广而言，我觉得广州的草根幸福感最强是合情合理的。但是换另外一个角度看，人们选择在大城市尤其是超级大城市落脚，除了发展机会多之外，更重要的原因是超级大城市的繁华。这里说的繁华包括物质和精神两个方面。物质的繁华包括高级酒店啊奢侈品啊，等等，而精神的繁华则包括图书馆博物馆电影院音乐厅研究院，等等。从这个角度看，我觉得广州在北上广三城之中排名应该是最后的。我说的不单单是硬件。换言之，广州是一个草根和准小资的天堂，但不见得是小资的天堂，更不用说不是中产的天堂了。

无论如何，广州拿了这个第一，挺好的。人也好城市也好，不为生活，活着为什么？

（2011年6月14日）

落汤凤凰不如鸡

端午到来，龙舟锣鼓响起。由龙舟而起的文化话题已经成为例牌菜。港媒报道说，偏居香港大屿山一隅的大澳吸引众多游客踏足，慕名来观赏当地的“龙舟游涌”仪式。令大澳人振奋的是，这项延续了一百多年的节日庆典刚刚获批列入国家级非物质文化遗产名录，唤起港人文化自信。广州也挺有文化自信的，一年一度的龙舟赛已经是属于国际的了，大名“广州国际龙舟邀请赛”。

我小时候，龙舟与文化自信无关。广州话儿歌有唱：氹氹转，菊花圆，炒米饼，糯米团，阿妈叫我睇龙船。我唔睇，睇鸡仔。鸡仔大，攞去卖……这首儿歌的年纪可能比我还要大。那应该是一个地方文化相当纯粹的时代。龙船这家伙，你睇又得唔睇又得，它就在那里。所以才会唱，我唔睇，睇鸡仔……也可以今年睇鸡仔，明年睇龙船。总之年年岁岁，龙船都有得睇。

文化自信之所以成为话题，一定是因为文化本身受到了挑战或者正在经受巨大的压力。以香港为例，出身小渔村，现在是国际大都市。出身低微容易不自信，而国际化大都市则要时刻面对本土文化在欧美日等文化冲击下的流散压力。广州其实也一样，只不过面对欧美日文化的冲击没有香港那么大，但是面对内陆文化的冲击，本土文化的生存压力和危机感与香港无异。

从这个角度看，文化自信的问题不是扒个龙船食个龙船饭就可以解决的。别的不说，光是“龙船”这个纯粹的本地称谓变成“龙舟”就说明问题了。龙船是用来扒的，龙舟是用来唱的，现在还有多少人知道？龙舟是一种已经濒临失传的本土说唱艺术。再者，扒龙船的都是身壮力健的食力之士，而哀叹文化命运的都是手无缚鸡之力的食脑文人，我们当然可以赋予民间的扒龙船以文化意义，但是指望龙船来挽救本土文化的自信，确实渺茫。

说句实在话，即使没有外来文化的“入侵”，单一纯粹的本土文化命运也不见得好多少。经济实力才是文化实力或曰文化自信的根本保证。若然香港还是那个小渔村，广州还是那个卖布卖陶瓷缸瓦中药的小镇，本土文化倒是安全了，但地球上可能也就没有多少人会留意这两个偏僻的小地方了。本土文化没有成为时代的僵尸恰恰是历史的造化。

问题在于在现实情景中，外来者要留神不要挤压本土文化的生存空间。准确地说，是不要过度挤压。因为挤压是不可避免的。你讲了英文就不可能同时讲粤语，你要起摩天大楼就不可能不拆趟栊门。但是，在可能的情形中，你做你的航空母舰，让百姓扒他的龙船。那就OK，万事大吉了。之所以本土文化自信成为话题，恐怕来源于过度的挤压。因此这是一个真命题，不是伪命题。

还有一个现象很耐人寻味。为什么龙船年年扒，你还是没有文化自信，直到被封为国家级非物质文化遗产才觉得有点儿自信呢？这好比一座野庙，无论你拜得多么虔诚心里面也是七上八落的，只有待此庙得到皇上的赐号心里才踏实一样。在跪求赐号册封中建立文化自信是一件很荒唐的事情。但我们已经见怪不怪。例如有人说联合国已经说粤语是语言，因而自认粤语伟大。这些人不但提供不了此言的出处而且还无视了一个基本的逻辑问题。方言是小概念，语言是大概念。哪怕联合国的谁谁谁说了粤语是语言，这并不能成为否认粤语是方言的根据。就比如你可以说大米是米，也可以说大米是粮食，但是不能因为有权威说了大米是粮食，大米就不是米了。呵呵，这才是真正的文化不自信。

涓涓溪流只有奔向大海才有永恒。龙船也好，粤语也罢，都是些个本土文化的符号而已，并非本土文化的内核，好好珍惜好好保护就是了。只有成长的才有生命。离开了全球文化大融合的时代背景，任何的本土文化都不免成为孤家寡人，落单的皇上不如丐，落汤的凤凰不如鸡。建立文化自信更加无从谈起。

（2011年6月13日）

第五章　粤港同声

就城市的年纪而言，广州城市的历史比香港要古老得多，但是就现代城市精神和城市生活方式而言，广州又无可避免地比香港要幼稚得多。

议一议“一签多行”

内地宣布6个城市非户籍居民去香港旅游无须回原居地办证，特别是深圳410万非户籍居民可以办理“一签多行”，使内地潜在来港旅客，预计一下子多了约1400万人。这个令人愉快的消息，在香港引发了不同声音，香港旅游发展局局长田北俊甚至直接表明，不同意放宽“一签多行”审批，深圳方面也在最终时刻暂缓实施了非户籍居民可以办理“一签多行”这一新规定。这条新闻挺有意思。

我们先回顾一下“自由行”的短暂历史吧。2003年SARS重创香港经济，内地开放“自由行”，让部分城市居民自行来港旅游，“自由行”随之成为香港经济立见成效的还魂丹。而现在台湾当局也开始有样学样了。即将届满十年的“自由行”对香港经济的贡献是毋庸置疑的。但是香港各项社会资源设施，包括地铁巴士医院商铺，等等，原本都是只为约700万市民而备，数以千万计的游客的涌入所造成的社会资源紧张也让“自由行”成为了一把双刃剑，或者说这是一个硬币的两面。对于“自由行”只说好话或者只说坏话都是害了“自由行”。

换言之，好不好是一回事，顶不顶得顺是另外一回事。所以对于内地此番放宽“自由行”所引发的不同声音，理智的讨论方式是就事论事，而不要扣任何帽子，否则又要打起来了。

有一句不得不说的话是：香港是著名的“东方之珠”。上世纪末期制造业北迁之后，金融商业服务业航运业等一直是香港经济的支柱，无论是金融海啸还是SARS的打击都只是阶段性的悲剧，如果“自由行”行则香港兴、“自由行”衰则香港衰的话，那么结论一定不是“自由行”的政策出了问题，而是香港的经济出了问题。无论是港人还是内地人都没有必要把“自由行”的话题与香港做一荣俱荣、一损俱损的命运式挂钩。对于整个香港社会的经济运行来说，“自由行”应该只是锦上添花的事情，而不是性命攸关。

当然，香港也是世界最著名的旅游城市尤其是购物天堂之一，从这个角度看，游客当然是韩信点兵多多益善。尤其现如今西方不亮东方亮，是世界经济持续不景气，伟大的中国人民消费力空前。如果装得下，最好全国人民特别是有钱的全部到香港来买东西。但这只是愿望，做不做得到则是另外一回事。别的不说，光是过关就让人将去香港视为畏途。周六日和节假日过关大打蛇饼，哪怕还未实施深圳410万非户籍居民可以办理“一签多行”，少则一个多小时，多则三四个小时，相信这已经是多少人去香港“自由行”的第一个节目。因此，这个“自由行”要放宽到什么程度，怎么个放宽法，还真的不是个轻松地在文件上戳个印就能够决定的问题。

到现在为止，我们没有看到原本准备实施的深圳410万非户籍居民可以办理“一签多行”的官方解释。凭感觉这是不是一种打破户口藩篱对所有深圳居民实行一视同仁政策的执政理念的表达？果真如此的话，从城市管治理念来说，这个做法是值得嘉许的，但是从操作层面上来说，也许与实际情况会有出入。香港人是很讲实际的。有港人对此发表意见说，这部分被放宽“一签多行”的410万非深圳户籍人士消费力低，反而会给香港带来水客大军和非法劳工等问题，话虽然说得尖锐难听了一点，但也不妨听听。因为这毕竟是涉及深港两地的事情。如果只涉及深圳一城，一视同仁倒是天大的好事，比如说，不管有没有深圳户口，小朋友都能在深圳入学。

“早茶”喝到尾就开始淡了，嚼个指天椒。提个小问题：为什么深圳410万的非户籍居民都可以办理“一签多行”了，而广州的户籍居民在这次“放宽”当中还是不能办理“一签多行”呢？

生命不是一个数字。

（2012年9月3日）

省港机场如何错位发展

在广州白云机场扩建已然动工的时刻，一直处于争议之中的香港国际机场“第三跑道”仍处于不确定之中。香港机场一直以国际航线见长，多年被评为“全球最佳机场”，有内地媒体担忧，其珠三角五大机场老大地位，恐会旁落毗邻的广州机场。

结合新闻报道来看，省港的机场之“争”更加让人觉得意味无穷。珠三角方圆200公里范围内聚集了广州、香港、澳门、深圳、珠海五大机场，这在世界上非常罕见，若算上湛江、汕头、梅州、佛山等地支线机场，珠江三角洲的机场则更是多达12个。当然这还没有包括正在议论中的南沙新机场。

大机场撑死顶不顺要扩建增加跑道，小机场饿死望天打卦喝西北风。也许这就是珠江三角洲机场演义的寒暑全景图。我作为一个绝对业外人士对于机场的区域布局这样一个实在太过专业的宏大课题只能够用看小说的水平来发表议论了。

首先讲一串有意义的废话。白云机场是广州的，香港机场是香港的，深圳机场是深圳的，珠海机场是珠海的，佛山机场是佛山的……假如我们面前只有一幅没有地图图层只有地形图层的地图，而珠江三角洲的机场布局又是由没有主管上级的上帝来做的话，会做成什么样子我不知道，但是肯定不是现在这个样子。

假如这个布局是由人来做，只不过地图上不存在行政区划的标示，这珠江三角洲的机场布局也不会是现在这个样子。

假如这个机场布局还是由人来做，地图上还是有现行的行政区划的标示，只不过没有了历史原因造成的一国两制的边境，这珠江三角洲的机场布局还是不会呈现出现在这个多“国”演义的情景。

很显然，今天的珠江三角洲的机场布局是在没有任何假如的前提下由万能的历史所形成的。这就注定了演义的前景没有多赢，只有靠协调来力求达到减少对各方的伤害和尽量在协调中争取多方利益共存。中山大学港澳珠三角研究中心教授郑天祥就认为，国内支线航运是广州机场的优势，香港不应该与广州去争夺支线客源，而应该承接广州白云机场的支线旅客，将其往洲际目的地输送。但我们面对的现实是，这只是沙盘推演。我相信所谓的互补道理谁都明白，但就是建立不起来。一个脑袋一支笔画图纸很简单，但是很多个脑袋指挥着很多支笔来画图纸，结果往往就是最不合理的最有理由的存在。

根据媒体掌握的信息，珠海机场航班饱和量仅为6%，长期处于经营亏损的状态。曾经一度，珠海想甩掉这个亏损的包袱，拟由香港机场出资收购，将珠海机场作为香港机场的第三跑道，通过海上快艇进行对接。如此一来，两大机场都能实现双赢，香港也不用花费巨资填海建第三跑道。当时经由测量师行估价100亿元，但香港迟迟没有作出决策，错失良机。

其实绕了这么大一个圈来说珠江三角洲的机场演义，说到底就是一句话，离开了珠江三角洲一体化的发展规划，机场打得再惨烈都只还是一个顺理成章的故事。各为其主，这是亘古不变的武侠主题。珠江三角洲的各城市也好，省港澳之间也好，从来不乏各种协调机制，但是各怀心事也是必然的。机场说到底还是用来起飞的，不但给飞机起飞，也要给经济起飞。对于方圆200公里不到大小12个机场的春秋演义，我们只好给这个看起来极不合理的现实赋予一个合理的解释，否则更加无法理清头绪，更别谈寻求合作共赢了。

（2012年8月13日）

广州何时才能重戴花城桂冠

看这条新闻，在高温天里仿佛感觉到了一点凉意。港媒报道说，香港渠务署完成垂直绿化研究，发现攀缘植物最高可为建筑物降温7℃。香港发展局计划制订垂直绿化植物清单，工务工程可因应攀缘植物特性而决定选种，以发挥最大效果。

我记得亚运的时候，广州因为绿化投入和维护开支过大，我们当时还呼吁过，把花种在市民的阳台上窗台上，在我看来，如何搞城市绿化，不单是一个美学问题，更是一个技术问题，也体现了一座城市的管理理念，是依靠行政力量整齐划一、搭花架子，还是发动社会力量参与、功能至上？

广州和香港两个城市相距不远，只是香港更近海一些，从气候角度看，在城市绿化方面香港能够做到的广州基本可以做到。但是在城市绿化理念上面，香港和广州完全就像是两个半球了。广州人总是以务实作为自己的文化标志，当然务实也成为广州被质疑的文化污点，这是另外一回事。不过在城市绿化这方面，与香港一比，我看广州就真的不敢称自己务实了。

刚刚过去的台风“韦森特”吹倒了香港1000多棵大树，当时香港悬挂的是10号风球，而受这个台风影响要小得多的广州，据广州市林业和园林局公布的官方数字，全市倒伏绿化树木为6518株。同城媒体的报道说，对于此次倒伏树木如此之多，广州市林业和园林局也做出了解释。该局指出，主要的客观原因还是风大。看了这个解释真是人不笑狗都吠！按照这个逻辑推论，香港这次该倒10万棵树——不过你还别说，离香港很近的深圳在这次台风中倒树11万棵！不过深圳是个移民城市，不晓得在南方种树还是正常的，广州历来享有花城的盛名，广州不会种树就真的有些说不过去了。务实不务实不是嘴巴说的，风知道。

看到香港的渠务署对垂直绿化研究那个认真的样子，我想起了一条旧闻。当年的国内媒体报道说："为了彰显广州'花城'的特色，以全新的城市面貌迎接亚运会，广州将投资2.5亿元人民币用于城市花卉布置。"这就是那个完全可以载入中国城市绿化史的5000万盆鲜花迎亚运的著名案例。从有钱花演绎到有钱就要花到极致，玩这个撒金成花的暴发户戏法广州还真的是勇于开风气之先。

说回这个垂直绿化。记忆当中在广州大金钟路附近有一座爬满青藤的楼房，我印象很深刻。整座楼房的外立面除了窗户全都给爬山虎遮盖得郁郁葱葱。不知道这座楼房现在还在不在？每次看到这座绿油油的楼房，我都会想起广州市尤其是天河那边无数用玻璃幕墙包裹起来的高楼大厦冰冷刺眼的反光。

爱花养花乃至爱一切的花鸟虫鱼，是广州人的天性。本来在广州这个城市全民种花养绿根本就是一件不用号召就水到渠成的事情，但是现在我可以看到的（当然仅仅限于我的眼睛所及的地方）最认真的养花护花人就只剩下了各种各样的大厦写字楼里面的清洁工阿姨了，她们总是那么一丝不苟地把绿萝之类的阴生植物的叶子一片一片地用湿布擦干净，哪怕本来已是一尘不染……

广州，你何时才能重戴花城的桂冠？

（2012年8月6日）

台风来时，电台该做什么

上周香港最大的新闻就是10号风球了。这是级别最高的台风预警信号。台风“韦森特”走后，香港倒了1000多棵大树，没有发生严重水浸或者人员伤亡。这不得不让人赞叹不已。每年台风都要到香港逛一逛搞搞破坏，而应对台风，香港也早已形成了一套行之有效的常态化处置程序，从政府职能部门到媒体到大小老板平头百姓。因此，没有领导重视也没有可歌可泣的事迹来感动香港。不管风从哪里来，什么时候来，都是如此胜似闲庭信步。

作为一个前广播人（当然我希望有机会回到广播电台的直播室），我印象最深的是香港的电台在风中的声音。“韦森特”到访香港的当夜，我一直开着收音机收听香港各个电台的广播。不管是政府电台还是商业电台都不约而同地15分钟播报一次最新的台风消息。主持人在各自的节目中随时插播15分钟之间收到的更新消息。不用到应急指挥中心（哈哈，我不知道香港政府有没有这样一个玩意儿）去，每个市民只要打开收音机都可以得知风暴下的香港实时的状况。

香港电台机构传讯及节目标准总监伍曼仪就此事接受内地媒体采访的时候说：“政府从来没有给我们发过任何通告，这是一种使命与长期形成的默契。台风情况播报是香港电台重要使命之一。”

其实香港与珠江三角洲就是一水之隔。我当晚在微博上问大家，珠江三角洲各地的电台在播什么？几百个回答基本一样，不是常规节目就是老军医。打开收音机几乎听不到关于这个台风的消息，只有佛山电台和台山电台在彻夜不眠地追风。实在令人很沮丧。

在挟风带雨的“韦森特”来势汹汹地逼近自己城市的时候，广播电台在孜孜不倦地播衣原体支原体大三阳小三阳，要不就是主持人还在兴高采烈地插科打诨或者喋喋不休地做深沉状告诉听众人生的道理，这不是一件很离奇的事吗？

无数的广播电台都在做认真状研讨互联网时代的广播对策，而恰恰在互联网难以作为、广播电台大有可为的灾害性天气预警方面，广播电台的集体主动缺席，实在是天空中一个没有社会责任感色彩的空白。在一个如此大风大雨令人难以入眠的台风之夜，我不知道有没有电台的台长会打开收音机听听自己管治下的电台到底在播什么？如果听到是老军医的话他们会感到羞愧吗？如果他们同时把频率调到香港的电台，他们会感到羞愧吗？如果下次开会他们再高谈阔论应对互联网时代的问题的时候，他们会感到气憋吗？连独市生意你都不做，奢谈什么竞争？当然，在谈到生意的时候，我们确实难免会偏离了社会责任感。

我不由得想起，不知道北京的广播电台在那场大水刚刚发生的时候，有没有给车轮上的市民以足够的指引。但是我有理由相信，假如北京的广播电台在这场暴雨灾害刚刚形成的时候就像香港的电台那样，15分钟播报一次最新的雨情，损失应该没有这么惨重。

这是一个难以展开的话题。我们在抱怨不可以做什么的时候，总在放弃应该做的责任和可以做的机会。从某种意义上说，广播是为了实时播报而生的，无论是闲时的交通消息还是非常时刻的台风消息。广州和香港都一样，是台风每年夏天都要到访的城市。今年的台风季节才刚刚开始，我希望在下一个台风到来的时候，电台会有及时的节目调动，我们打开收音机就可以明确地知道，自己该怎么办。

（2012年7月30日）

香港：便宜有好货

人民币升值，做出口生意的都嗷嗷声，但是也有人喜笑颜开。去香港的扫街（扫货）一族就笑到有牙冇眼啦。人民币一升值，内地人去香港买东西无疑打了“八三折”，加上旅游淡季的机票和酒店的价格跳水，去香港扫货更加着数。闻说有居北京的新人趁周末坐飞机去香港办嫁妆，仅仅是买一对戒指，省下的钱已足够应付双人往返机票及住宿。再买的话就是通通有赚的了。更有人称，买个20克的手镯就能省1200元人民币。哗!

我想起了更加夸张的岁月。应该是30多年前了吧，那时候是29元人民币兑100元港纸，两百多元钱就可以买一部电视机，可惜是黑白的。哈哈，如果现在是这个汇率，天啊，内地人民会把整个香港全部买下来了！那时候200元人民币也要省吃俭用存一年了。

曾经听珠江三角洲城市里做零售业的朋友叹气：生意难做啊！越来越难做！稍微有钱的都跑到香港澳门去扫货了，不但电器大件，连洗洁精沐浴液都跑到香港去买，更加不要说时装首饰什么的了，没有什么钱的就周末坐地铁去广州逛街，剩下的都是什么人能做我们的顾客啊！这是实话。做生意就是这样的残忍，如一位商家所言：世界上本没有客，把别人的客挖过来了，自己就有客了。虽然说船多不压海，但是价格差在那里摆着，新货旧货在那里摆着，购物环境在那里摆着，上帝是有脚的。没办法，几家欢喜几家愁，做生意的永远是这样。

我不知道现在内地消费者可以在香港购买而且带得回去的最大宗的商品是什么，楼宇带不走，已经有人买了，听说还是顶级豪宅，金银首饰钻石戒指之类的不知道有没有限制。唯一知道的是汽车还不能在香港买了带回来吧，如果可以的话，我看那些4S店的老板都要疯了。从小处看，洗洁精之类的有人去香港买是已知的了，有没有人去香港打酱油就不知道了。

其实去香港扫货除了价格便宜之外，还有一个重要的原因就是货品新种类全。尤其是电子产品和各种各样古灵精怪的工具小玩意之类，毫不夸张，哪怕买一把螺丝批，香港的选择都多好多。俗话说，便宜没好货，但去香港扫街扫货却是便宜有好货。相对而言，香港的商家进货是捐窿捐罅（想尽办法），而内地的商家是不思进取。也难怪顾客东南飞。

凡事都有利弊两面。消费者跑去香港扫街扫货也并不全都是坏事。内地的商家也去香港进货偷师考察啊。大家不觉得广州和珠江三角洲这几年星罗棋布的个性小店的橱窗和摆设翻新变靓了很多吗？如此靠近城隍庙没有理由不请几炷好香啊。再穿州过府几个省，香港商业文化对内地的影响就越远越淡了。

有一个香港在广州旁边是件再好不过的事。可以买到便宜货，可以买到便宜的好货，还可以顺路偷师。借此可以打破陈旧，打破大一统，从而享受更加优质的生活。

（2011年5月16日）

缓则圆

这条港闻我一直在关注：香港政府修订财政预算案，决定向全港610万年满18岁的永久居民派发6000元。政府直接派钱给市民，而且一派就是6000大元，两公婆就有一万二啵，真是很过瘾的事情。然而，这件事在香港新移民中引起不满，认为政府把他们剔除在外。

香港是个移民城市。据说香港700多万人口当中，有40%—50%不是在香港出生。这个数字很有意思。所谓本土人士和新移民之争，其实本质上只是老移民和新移民之争。

在新老族群问题上，广州面临的情况要严峻一些。广州常住人口1270万人，其中常住的户籍人口只有794万人，而我估计这794万户籍人士中至少有200万不是出生在广州的，套用香港的说法，他们只是广州的老移民而已。

其实大半个世纪之前，广州就已经不是一个纯粹的本土城市。1949年大军南下，随后大批军队干部转业担任广州地方政府的官员，再加上之后的各地知识分子的流入，至改革开放前，广州的机关——所谓机关既包括政府机关也包括各种事业单位——还有大学、文艺团体等的通用语言基本上就已经是普通话了。而在一些大企业，则是管理层讲普通话，工人群众讲广州话。对于这一切当时的广州人都习以为常，也不见有太多的本地人和外地人的冲突，大概因为本地人所处的社会地位相对比较低下，而且也没有什么东西需要反抗的。因为那时候无论上学就业住房等基本上都是国家包安排的。

直到“东南西北中，发财到广东”的开放大潮掀起，族群问题才日益显现和严重。首先是治安问题。广州曾经经历过一段治安非常混乱的时期，这使“外地人”成了一个负面的概念。同时，大批国有集体企业的本土工人下岗，

从表面上看，一个个周身刀仔张张利（粤语，指身怀绝技）的中年技术工人，轻而易举被一批批农民工替代，这个事实无疑是加深了所谓本地人与外地人之间的矛盾。

由此可见，族群问题的产生是伴随着城市发展的全过程的。城市发展越是急速，冲突发展就越是激烈。广州并不是唯一在面对这个问题的大城市。从根本上来说，广州也好其他的大城市也好，本土人士和新移民的族群问题只有在城市的发展进入了平缓期才有可能慢慢平息。在城市大拆大建发展得如火如荼的时候，解决这个问题希望渺茫。凡事缓则圆。有人说广州是一个包容的城市，也有人说广州是被包容，就是这个道理。

（2010年8月11日）

扩大“自由行”，时间就是金钱

香港回归即将15年，据中国国家旅游局最新资料表明，内地居民赴港人数比15年前增加了11倍，15年间总计1.7亿人次。1997年内地居民赴香港人数仅为236万人次，而到了2011年激增为2810万人次。香港方面的数据显示，开放“自由行”的9年来，内地居民赴港个人游给香港带来约3462亿港元的直接旅游收入。

火爆了近10年的内地居民赴港旅游“自由行”会不会盛极而衰呢？港媒上周报道说，现在香港尖沙咀广东道名店街“自由行”长龙不再，近月来服装食肆以至药房珠宝表行均不约而同指出，“自由行”消费全线下跌。太子珠宝钟表行政总裁朱继陶称，每年“五一”生意均增长三四成，今年却首度下跌两成。以往受内地豪客欢迎的，数十万元的名表销量更大跌一半，反映消费趋谨慎，大豪客买百万元以上的名表“今年只有三数个”。

从理论上来讲，任何事情到了盛极的时候上升曲线就往下走是再正常不过的事情。更何况今年上半年内地经济受到外围复杂因素的影响太大，也陷入了出口、消费和投资“三驾马车”同时受阻的困境，整个经济增速都放缓到要稳增长了，“自由行”可以逆市火爆才不正常。大富大贵的人揾食艰难，草根小民更是艰难度日，虽说是到了香港“自由行”买东西怎么都会比在内地消费疏爽一点，但是相对过去毕竟会手紧许多。小数怕长计，这个孤寒一点那个少买一点，“自由行”消费全线下跌应该是意料中的事情。

再从旅游市场看，日本遭受大地震后正在以极为低廉的价格招揽来自中国的游客，同样的情况出现在几个热门旅游目的地的东南亚国家和地区，韩国也把旅游市场的开拓目光盯紧了中国游客。台湾地区“自由行”也开始陆续推开。赴港“自由行”要面临的尤其是来自亚洲旅游市场的挑战还有很多。其实放远一点眼光看，如果不是内地人口基数庞大，连续九年“自由行”的火爆并给香港带来巨大的收益是不可想象的事情。如果香港希望“自由行”能够继续火爆下去，还要下很多实实在在的功夫。

实话实说，对于“自由行”港人的心态是极为矛盾的。“自由行”在给香港带来巨大旅游收益的同时，也带来了巨大的干扰和困惑。除了香港本地人与内地游客巨大的文化差异和生活习俗差异之外，内地游客那种有钱大晒的暴发户心态对香港人的自尊心毫无疑问是一种无形的伤害。再加上具体到香港的某些个体人群，“自由行”带来的并不全是好处，比如铺租贵了许多就是天大的问题。虽然喧嚣一时的“蝗虫论”现在已经热闹不复，但是引发“蝗虫论”的实际因素实际上半点都没有解决。对于“自由行”的健康推行这些毫无疑问都是巨大的障碍。

不得不指出的是，内地居民赴港“自由行”在很大程度上是冲着购物天堂而去的。而在香港的购物优势实际上现在也大不如前了。前段时间海关严查iPhone手机等高科技产品，还有关于内地奢侈品降税的传闻，香港电器产品与内地市场价格逐步缩小，在油尖旺甚至出现了比内地还贵的情况等，实际上都是内地客“自由行”消费降低的原因。

对于广州人来说，现在去趟香港已经是寻常之事。与其他去香港“自由行”的内地客不一样的是，广州人和许多珠江三角洲的人士到香港的最大乐趣除了购物以外，更重要的是寻找一种同声同气的本土文化认同。而且广州和珠江三角洲是中国内地离香港最近的富裕地区，香港要继续维持和扩大“自由行”带来的巨大经济效应，对这个地区的“客源”一定要做足文章。

令人感到疑惑的是，深圳现在已经实行了一次签注一年可以多次前往香港“自由行”，而广州还未实行。能不能呼吁香港和广州方面抓紧一下实施，其实这也是迟早的事情。那当然早一点比晚一点好，时间就是金钱。

（2012年6月25日）

到香港看戏去

媒体报道说，香港“中国戏曲节”从6月15日到8月5日举行。正是这条并不显眼的新闻，引起了我的许多遐想，也造就了今天“早茶”的话题：香港竟然成了中国戏曲的后花园！

后花园！远离了战火连天的历史街巷，隔绝了厅堂意识形态的纷争，琴瑟箫鼓，行云流水，自有春色一片。这就是香港，也是台湾。这个情景让人唏嘘感叹。中国内地本是精彩纷呈的各种戏曲的发源地，而香港不幸做过殖民地，台湾原来也只是一个偏居一隅的小岛。这边厢沦落，那边厢兴旺。三十年河东，三十年河西。这边厢把传统艺术捧到天花板上去，实际上只是为了标榜，那边厢香港的戏曲推广越来越平民化，媒体报道说，观众把看戏当成茶余饭后的生活方式。这让内地情何以堪！

戏曲唯有平民化才能在这个处处标榜时尚和先锋的时代与时俱进。而平民化的标志无疑是平民价格。香港的地价人工物料样样比内地贵，但是报道说，在香港看一场名家好戏，价钱也只需内地的1/3。真是不看不知道，一看吓一跳。媒体的报道说，以今年的戏曲节为例，著名京剧演员于魁智、李胜素等将演出《贵妃醉酒》《生死恨》等名剧，头等票价是350港元，最便宜的是100港元。为了让观众更了解梅兰芳名戏《生死恨》，康文署经多番努力，找到了梅兰芳1948年出演的京剧电影《生死恨》的残本，让观众热身，票价只需30港元。

香港的戏曲演出票价如此之低与政府的力推和支持分不开。香港康乐及文化事务署文化节目组戏剧及戏曲办事处高级经理李明珍接受广州媒体记者专访时说：“我们希望通过戏曲节，慢慢把中国戏曲的每个戏种都引入到香港上演，介绍给观众。不仅是昆、京大戏，对于不为人知、濒临失传的地方戏，更需要扶持。”香港“中国戏曲节”今年已经是第三届了，每一届，香港政府都补贴七成资金。

反观内地，无论是医疗教育还是文化，言必称产业化，言必称市场，甚至在媒体上时不时可以看到“让市场说话”“让观众用脚投票”之类的叫嚣。而剧团也往往在潜意识中幻想三年不发市，发市食三年，你叫票价如何低得下来？政府为了一个国际运动会光是种树就不惜一掷亿金，假如政府把戏曲也看作是面子，戏曲的日子还至于这么难过吗？

2010年，第一届香港“中国戏曲节”邀请了福建莆仙戏剧团来港，剧团回到当地后，受到文化主管部门的重视，申请了很久的工作经费也批下来了。今年的戏曲节，康文署又请来了有500多年历史的江西赣剧。为了参加这次演出，已经息影的“天下第一水袖”涂玲慧又重返舞台，出演首本名戏《窦娥冤》。香港政府对中华戏曲不遗余力的推广意义已经超出了小小的香港，有点儿以天下为己任的味道了。除了邀请海内外戏曲名家到香港表演，香港政府还致力于在校园和社区推广戏曲。看来，给传统文化戴高帽是不用费任何力气的，所谓口惠而实不至。让文化价值观落在脚踏实地的推广上才是对传统文化价值真心实意的肯定。

从上世纪80年代开始，香港就一直充当了广州和珠江三角洲社会发展的老师的角色。甚至港式粤语也大有逐渐取代西关音粤语之势。“学到十足”是有些人对广州人褒贬参半的评价。可惜在戏曲和传统文化的推广方面，香港政府让人敬佩的做法，对于广州来说，只是油盐不进。真让人无话可说，素质啊——最后只能仰天长叹。

（2012年4月23日）

广州奢侈品市场无法独善

一线品牌在广州全城布点，这让广州市经贸委近日勇敢宣布：广州告别“奢侈品沙漠”，商业已步入高端时期，千年商都实现从传统到现代的华丽转身。说到奢侈品消费，世邦魏理仕最新出版的《零售业全球化进程》报告指出，调查显示，香港在奢侈品城市排行榜上，第三年蝉联世界第一。全球有86%奢侈品牌零售商由于香港营商环境吸引而选择进驻。作为全球奢侈品消费的顶尖地区，奢侈品行业八成的产品都能在香港购买到。我们今天的“早茶”，就奢侈地议论一下奢侈品。

首先议论一下什么是奢侈品。在我们这一代人眼中，不同的时代有不同的奢侈品。改革开放之前的奢侈品是现在的寻常用品。比如说，金笔——现在这样讲好老土，铱金做的笔尖；还有眼镜，也是镀金的。当然到后来就是照相机、电视机、电冰箱……我这样说是有根据的，直到上世纪80年代末，公派出国出境允许每人免税带回的八大件，对寻常人家来说就是奢侈品，那时候还没有私人汽车，否则也一定榜上有名。

对于中国人来说，现在的奢侈品就五花八门了。游艇算是奢侈品了，中国正在成为全球最大的游艇制造国和最大的游艇市场。飞机也算奢侈品，但也有4S店了，据说一开张就卖出十几架飞机。当然，豪华车也是奢侈品，中心大城市马路上看不到熊猫，但是绝对有机会看到价格过千万的豪车，不过这些都算是超级顶班的吧，我们今天说的是那些个十万八万一百几十万一块的手表，十万八万一个的包包。

广州为什么曾经被称为奢侈品的沙漠？开始肯定是因为穷。穷人的问题是食品而不是奢侈品。后来不穷了为什么还摘不掉这顶帽子？我觉得，是因为富起来的时间不够长。当然，这仅仅是原因之一而不是全部原因。香港也不是人人都是百万富翁，为什么可以在奢侈品消费排行榜上三年蝉联世界第一？因为香港是个名副其实的国际大都市，因为香港是个自由港。

不过，我敢说，在香港买奢侈品的绝大部分不是香港本地人，而在广州买奢侈品的则绝大多数是本地人。有报道为证：GUCCI店员说，顾客以本地人居多，湛江、珠海等二三线城市的人也会自驾车来购物。只靠本地人是支撑不起奢侈品的市场规模的。广州人口1600万（一说是1700万，都不知道该信谁），香港人口只有700万。香港的奢侈品市场世界第一，而广州才刚刚走出奢侈品沙漠的边缘。可见本地人口的多少与奢侈品市场的规模无关，关键是这个城市在区域或者国际上的地位和影响力。换言之，奢侈品市场上的“外地人”、外国人越多，这个市场才能够越兴旺。什么时候香港人开着车来广州买奢侈品了，广州这个奢侈品市场就算发育成熟了。

但这是不可能的事情。一瓶香水香港卖多少钱广州卖多少钱？内地奢侈品的税实在太重！现在中国的有钱人多得很，就像鹅公看见青菜就伸长了脖子一样，富人们千方百计要够着奢侈品，可是他们都跑到欧洲、美国甚至韩国去买奢侈品了。不是崇洋媚外，而是内地的奢侈品因为税重实在太贵。在这样的一个整体大环境中，广州的奢侈品市场发育不可能独善其身。

广州的奢侈品市场发育起来对穷人有好处吗？还是有的。售货员、押运员、收银员……还有相关产业链，无论广州立志要做国际大都市还是超级大都市，作为市场高端的奢侈品市场肯定是发展得越快越好，发育得越成熟越好。这无论对富人还是对穷人都是一样的。

既然谈到奢侈品，山寨这个话题就不能避免了。站前路几十元一块的世界名表，流花路某宾馆里面的档口出售的几十元一个的LV手袋是不是该定时打扫一下呢？你不能一方面想做大做好广州的奢侈品市场，另一方面又让广州成为一个无数人穿流嘢戴流嘢玩流嘢的城市。我曾经听人对一位成功女士说，你拿什么手袋都千万不要拿LV，哪怕你真金白银在巴黎买回来人家也只会当作是38元一个的山寨货，你没见我们大楼扫地的阿婶也背了一个吗？

（2012年5月21日）

特首官邸开放，为何不怕“安全隐患”

上周，广州一位妈妈带个小女孩到司法局借个厕所缓解一下三急，不但被果断拒绝，司法局还回应称：“那是办公区域，不是公共厕所，如果每个人走到那里都说肚子疼，借厕所用，就存在重大的安全隐患。”

同在上周，香港礼宾府举办今年首个开放日，吸引了数千香港市民和游客入内游赏。礼宾府就是特首官邸，回归之前是总督府，已经有150多年的历史，是香港法定的古迹。礼宾府一般每年春秋两季各对市民开放一次。今年的开放日，市民在里头赏花听音乐游玩，还可以跟特首的专车拍照留念……

特区行政长官的官邸对于香港来说，是名副其实的首脑要地，让我疑惑的是，这里一年两度敞开大门向市民开放难道就没有重大安全隐患吗？而广州这一边，一个年轻的母亲为三岁的女儿求借厕所一用，怎么就会被极度夸张地推断为“如果每个人走到那里都说肚子痛”呢？况且哪怕是每个人经过伟大的司法局都肚子痛，也不等于每个人都是恐怖分子会导致重大的安全问题啊。

可见，问题不在于开放不开放行政长官官邸，也不在于给不给借用厕所。问题只是在于香港开放礼宾府是因为在行政理念上确认既然礼宾府是法定古迹，那么市民就必然有权分享。

我坚信安全警卫工作香港警方一定会做足，但是前提应该是相信绝大多数市民是好人。这是一个非常重要的基本判断，否则谁也不敢决定打开行政长官官邸的大门“任你癫”！反观广州这个事件，从官方的回应看，大前提是“这是办公区域”。这就非常明确地划定了一条界线。这是一条不可逾越的边界，这也是不为一个憋不住的小女孩法外开恩借一下厕所使用的根本原则。至于极度夸张地推论“如果每个人都肚子痛”，我的理解只是毫无常识的强词夺理，反映出来的是狂妄得肆无忌惮的傲慢，当然还有底气不足——他们的预设前提是：借用厕所的人，不管是现实中的这对可怜的母女还是潜在的每个“肚痛者”，都是没安好心的，都可以构成安全隐患，而且是重大的。

我不理解这样一个判断是怎么建立起来的，面前只是一个三岁的可怜兮兮的憋不住的小女孩，还有一个无奈为女求厕的年轻母亲，不就一个半女人嘛，就推及每个人，甚至得出重大安全隐患的结论，至于吗？我更加宁愿相信这个所谓回应不是当事单位的官方态度，而只是某个临时工一时兴起的个人所为。

在执政或管治理念当中，把民众预设为每个人都是坏人还是相信绝大多数的民众是好人，这是一个非常重要的制度分水岭。前者会导致不分青红皂白的制度性粗暴，而后者会因势利导地把社会管治得从善如流。

香港有特首官邸一年两度向民众开放的春华秋实，广州不幸有这个一泡屎引发的话题，也许只是偶然，我也许没有必要把它上升到制度啊理念啊之类的高度来议论。但是我相信一句话，世界是你面前的一面镜子，你对它龇牙咧嘴，它就对你龇牙咧嘴，你每天对它微笑，它也每天对你微笑。民众也是政府面前一面这样的镜子。作为草民，谁都不希望自己是被预设或假设为“每一个人都说自己肚子痛”的人当中的一个，因为如果这个预设是客观存在的话，每个人都会不幸成为被臆想和虚构“重大安全隐患”的制造者，等待着自己的是什么样的恐怖日子可想而知。

请相信：绝大多数的民众肚子都不痛。

（2012年4月9日）

香港你大胆地向前走

报载，“全球化与国家发展策略中的香港角色”国际研讨会上周五在广州中山大学召开。印象中，如此煞有介事讨论“香港角色”，至少在内地的论坛上是第一回。随着粤港两地关系越来越紧密，香港如何在未来的两地合作中找到自己的位置，确定自己的角色，确实是一个值得关注的命题。反过来，这个答案也将决定两地能否互补有无，进行差异化发展并最终实现共赢。

事实上，随着珠江三角洲的城市化进程近年来的不断提速，随着珠江三角洲地区经济实力的不断提升和产业布局的改变，香港对于自身定位产生新的思考和担忧是顺理成章的事情。有港媒发表言论称：珠江三角洲正在去香港化，也有言论称随着广州大型购物商场的勃兴，香港购物天堂的位置始终要为广州所代替。其实种种担忧说到底只是一种担忧：香港原来是珠江三角洲经济发展的发动机，而现在香港似乎是在被逐渐抛离了轨道。尤其是南沙扩容之后，从深圳、东莞到广州的珠江三角洲广阔地区被连成一片，再加上前海和横琴已升级成为国家级新区，香港产生失落感并非没有理由。

看到港媒相关的种种言论，我的感觉总是一个：香港也必须与时俱进，与珠江三角洲地区的关系思路不能老是停留在“前店后厂”的时代。那只是一个不可复制的历史瞬间，只是珠江三角洲发动机的点火器。珠江三角洲的经济发动机打着火之后，不断地加速是必然的事情。但是香港不可替代的国际金融、贸易、航运中心的地位始终没有消失，在促进珠江三角洲的产业升级与转型、为珠江三角洲地区提供高效的金融服务、拉动珠江三角洲地区的现代服务业发展方面仍然会有巨大的扩展空间。而粤港关系若能循这个方向发展，其双赢的收益一定会远胜于上世纪80年代开始的“前店后厂”模式。

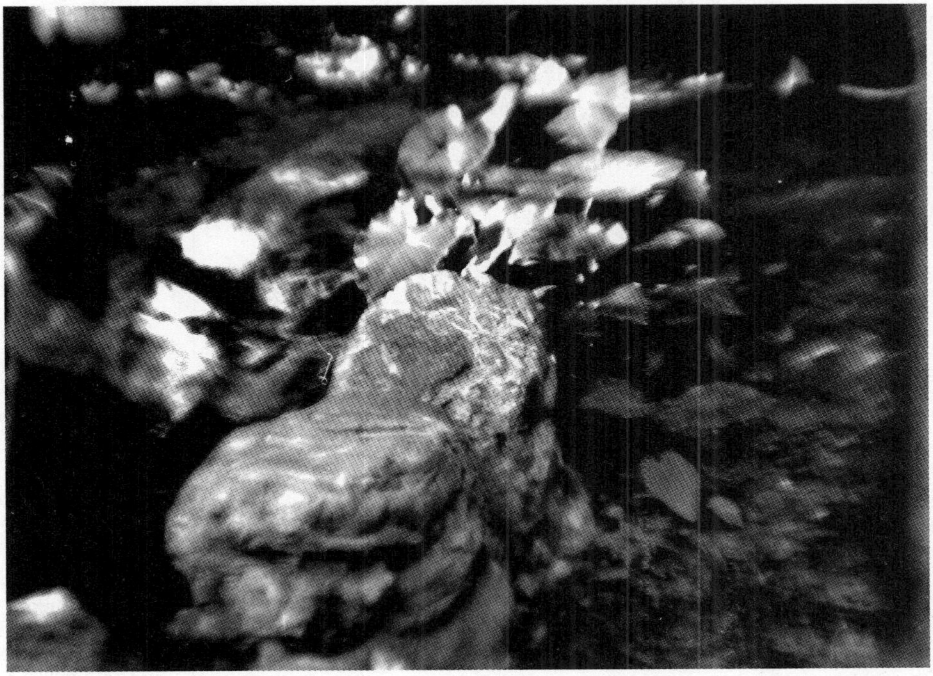

我在港媒看到过这样一个观点：香港和广东的关系现在是龟兔赛跑。广东是兔子，香港是乌龟。这种说法令人哑然失笑。这个观点用以比较当前两地的发展速度的确是客观的，但是GDP的增速能够达到10%的兔子在世界上不会太多，况且兔子跑得再快也不吃乌龟。广东或珠江三角洲的发展绝非以吃掉或者替代香港为目标。

不过话要分两头说，珠江三角洲也要明确自己与香港之间的关系定位。举个例子，我看到很多镇一级的规划都明确写着CBD三个英文字母。你珠江三角洲的镇都有CBD了，还要香港中环干什么，所以香港也不必担忧。所谓相互关系的定位其实并非规划书上的文本，而是犹如夫妻关系，在长期的生活中不断双向调整不断修改磨合而成。

一国两制、一衣带水、唇齿相依的现实给粤港两地的经济社会发展提供了许多错位互补的空间。双赢不但是一种美好的愿景，还是非常客观的可能。这样好的发展机会和空间，在地球上并不容易找到。

历史早已证明：珠江三角洲的机会就是香港的机会，我相信未来还将继续证明这一点。香港你大胆地向前走。

（2011年10月17日）

不要砸缸，要箍煲

谈及近期香港与内地之间的一些矛盾，全国政协会议发言人赵启正2日表示，兄弟姐妹彼此往来难免有磕磕碰碰的时候，一则广告不能代表整个香港社会的看法，一句极端的语言也不能代表内地人的意见，“口水战”有害无益。赵启正强调，要看到两地的绝大多数公众在交往中是融洽的、友善的，彼此也都有很多朋友。至于某些问题或者说是临时问题引起的摩擦，只要大家多交流意见、多包容、多协商，总会解决。我乐见这个回答。

赵启正作为政协发言人，把香港与内地之间的一些矛盾归结定位为“口水战”，既有举重若轻的味道，也有息事宁人的愿景。挺好的。

“双非”孕妇赴港产子问题也好，内地私家车赴港自驾游问题也好，只能够在法律的框架内以行政作为来协调协商解决。你卖一个广告他叫骂一句，除了伤感情之外，实在是于事无补。

至于讲不讲普通话的问题、地铁上吃东西的问题，等等，既涉及生活习俗的各异，也涉及内地与香港缺乏文明的共识，更不是叫骂和攻击可以解决。相反，不文明的叫骂和攻击的本身只会恶化内地与香港之间的民间关系，到底是有人只是逞一时口舌之快还是别有用心，未来的日子会告诉我们。

把这场不愉快的小风波定性为口水战也符合实际情况。看看拥挤的罗湖口岸，看看日夜过境车辆人员川流不息的皇岗口岸，听听香港油麻地旺角尖沙咀一阵阵随风飘荡的普通话——既有标准流利的北方口音，也有磕磕巴巴的港式普通话——我们就知道，那真的就是口水战。“自由行”还在行。“自由行”已经给香港带来的一万亿的生意额还在继续涨潮。

但是既然这场小风波就是这样闹起来了，民间的怨气不可不察。从这个角度看，哪怕只是口水战也不能不把它当成一回事。

内地人去香港能否稍稍入乡随俗，香港的商家能不能对财大气粗的内地同胞和对知悭识俭的本港同胞一视同仁，“双非”孕妇赴港产子问题的解决是不是该有个时间表，等等，无论是教育引导还是行政作为，民众的确需要有明确的指引和切实的期盼。否则，按下葫芦浮起瓢，下次风波还是会再来。

撕破了脸皮伤了心，弥补的事情谁来做？不管谁来做，内地政府和港府都是第一责任人。

从某种意义上说，这场口水战或曰小风波正是源于长期的失察和回避。从这个角度看，赵启正先生的“口水战说”也颇有轻描淡写的意味，我们也有理由把这个颇有外交辞令色彩的回答看作是一个不甚完美的太极动作。

全国两会正在举行，我非常希望看到内地和香港的政协委员、人大代表在弥合内地与香港的关系裂痕上有所作为，而不是因畏惧而不前。

无论家国，烦心的事情该来总有来的理由，该解决的总是要解决，哪怕是兄弟姐妹吵架打架，无人劝和，自动和好的事情是不会发生的，无所作为的话，时间不会解决任何问题。

我想起了下乡的时候听来的一个故事。有一家兄弟分家，极尽公平之事，所有家产精细计算分配，最后剩下一个水缸不知如何是好，日吵夜骂，最后的解决方案很简单，砸烂。谁也不要占一分的便宜。缸砸了，问题好像解决了，但是兄弟之间的情分也清盘了，自此老死不相往来。

既然赵启正先生把内地民众和香港同胞称为“兄弟姐妹”，我希望千万，哪怕是兄弟姐妹，什么冲突不是从口水战开始的呢？千万不要小看口水战。

（2012年3月5日）

当年，谁在沙面拉琴

城中媒体报道了一条很另类的新闻，一位在西关长大的香港老人家——当然他不希望人家叫他老人，因为粤剧使他年轻——花了400万元买西关大屋无偿“供养”私伙局。据平时打理的先生说，梁启康很少回广州，乐苑基本上是给发烧友使用，而且每年梁启康还会投入十几万元用作物管费、水电费和设备的维护费用。

首先要介绍一下什么叫私伙局。这就是粤剧粤曲爱好者自发组织起来的定期或不定期的活动。用潮人的话来说，就是有点类似地下乐队——但这样解释又太穿越了。玩私伙局的人现在都一大把年纪了，所以这栋老屋的主人康哥说，希望在私伙局中看到更多年轻面孔。

我可以告诉康哥，热爱广东音乐、广东曲艺和粤剧的年轻人还真的有。在广东音乐的发祥地——番禺，我曾经有缘结识了一个另类的私伙局——番禺钟村文化站的钟韵乐社。这一群醉心于广东音乐和曲艺的人中，不但有中年人，还有血气方刚的青年人，不但有本地的音乐才俊，还有很多连广州话都还没学会的外来精英。那时请他们为我做的电视实验晚会《蜕变》做演奏，我还记得曲目是广东音乐《平湖秋月》，那种纯净那种原汁原味，现在回想起来我还深深地感动。

我第一次接触私伙局是上世纪80年代初的一次采访，主题也是关于地方传统戏曲的传承。其实这个问题最早在改革开放初期就已提出，可惜现在看起来好像每况愈下，真是有一种无力感。采访的地点也是一户西关人家，也是满屋子钟爱粤曲粤剧的老人家。想起来真是感慨，当年我三十出头，现在我年近花甲了，当年接受过我采访的人现在没有一百也有九十了。虽然振兴粤曲粤剧的口号喊了那么多年，但地方戏曲传统文化还是在时代中沉沉浮浮。

我们这一代人是在红色音乐中成长的，无论是地方曲艺、传统戏剧还是西洋音乐，在当年的收音机中也不时可以听到，但绝不是主旋律，到了“文革”时期就销声匿迹了。我第一次被广东音乐征服是在二十出头的下乡岁月，直到现在一切都还历历在目。在一个回广州的日子里，我和几个同学相约去沙面聊天，就在鹅潭月夜的绿亭附近，忽然随风传来一阵二胡声，正是《平湖秋月》，清澈无瑕，不徐不疾，就像月光下的一缕清风。我们停止了海阔天空的神聊，静静地听，一遍又一遍，直到琴声消失得无影无踪。没有身历那个八亿人听八个样板戏的时代，无法理解在那个瞬间对我们心灵的震撼。

现在好了。《平湖秋月》也好，《饿马摇铃》也好，都通通“雨打芭蕉”了。没人禁止，是我们这个时代的集体放弃。我不知道现在的电台播地方戏曲多，还是“文革”前的电台播地方戏曲多。以前的电台有文艺部，有戏曲组。编辑都是资深的专家级。不但介绍广东的地方戏曲，京剧、秦腔、河北梆子、河南梆子、评剧、越剧、昆曲，等等，我这个地地道道的广州人都是从电台听来的。现在几乎只有清一色的大家都不会唱的流行音乐。连“四大天王”都成为经典。

我不想把地方戏曲的消亡归咎于流行音乐。理论上，现在应该是一个推崇多种文明多个时代文明交融的多元文化时代。遗憾的是并非如此。现在连流行音乐本身也揾食艰难，再谈地方戏曲传统文化的振兴实在是太奢侈了。这个时代文化的命运有点像在拆迁中建设的城市。到了拆无可拆的时候，连新房子都要拆了，需要的只是一个理由。腾空了的空间并不见得就是可以再造经典。

好好活吧。所谓活就是不要死去。能干多少是多少，无论是流行音乐还是传统戏曲。高山流水的典故大家都知道。不要期待人山人海的热闹，经得住知音难觅的寂寞才能有足够的力量活下去。当年谁在沙面拉琴已经永远无从寻觅，他也不知道远处有几个二十郎当的男孩在月光下静静地听他拉琴。

（2012年2月29日）

向左走，向右走

粤港自驾游互通计划有了第一阶段的进展。香港运输署上周公布，香港私家车车主可于3月30日起提出申请，并最快在4月27日实现自驾车游广东，最多逗留7日。而试验计划的第二阶段，即内地人来港自驾游则暂未有具体时间表。表面上来看，香港和珠江三角洲之间一衣带水路桥相连，开车上落你来我往顺理成章。但是细想之下却没有这么简单。我的基本看法是坐车好过开车。

首先是车辆的不同。香港车都是右方向盘的车，而内地的车都是左方向的。内地人右手换挡左手抓方向盘，香港人左手换挡右手抓方向盘。在香港超车规定从右边超车，内地的规定是左边超车，内地的行车路线是右上左落，而香港的规矩是左上右落。光是这个左右问题，就够司机难以适应的了。虽说规定港人到内地自驾游要持内地驾驶证，但须知驾驶习惯是长期形成的，哪怕手势再好的司机，在遇到紧急情况需处置时，习惯手势总是会跑出来作怪，这是最大的安全隐患。

其次是空间不同。内地相对来说城乡空间大，香港城市空间小。假设几百辆香港私家车进入内地，在整个广东省可能一分散就不觉得有多大的影响，而香港弹丸之地每天多出几百辆不认识路、不熟悉交通标志和不熟悉香港交通规则和驾驶习惯的左軚车，谁说不是问题？内地相对而言，高速公路多，城市道路也相对直一些，香港因为地形的原因，道路弯多路窄，开着一辆左方向盘的车在左上右落的香港道路上行驶，还要看灯看标志，以我将近20年的驾龄，又自称汽车爱好者，我都不敢在香港开车。

也许有人会反驳我，问题没有那么严重吧，现在不是有很多挂着两地车牌的香港车照样在省内开得好好的？此言差矣。现在挂两地车牌的香港车多数是商务用车，一般都是由职业司机驾驶的，有的开挂两地车牌的车的人虽然本人不是职业司机，但本身就是内地人。

粤港自驾游互通计划，源自粤港两地政府在2010年签署的《粤港合作框架协议》。就实际而言，我觉得这个计划的概念意义多过实际意义。无论是香港人进广东还是广东人去香港，公路铁路交通都已经非常方便。对于珠江三角洲绝大部分地区来说，与香港早就实现了“两小时生活圈”。基本上可以说实现了随时可以安全方便地往来。不说各种各样的差异，光是油费、停车费、保险费、时间成本，自驾游都没有任何优势可言。无论是香港还是广东，我觉得都没有必要强推这个概念计划。无论是经济发展还是社会生活，我们都无法看到这个概念意义多于实际意义的计划需要在近期内赶着实施的迫切性。

毋庸置疑，港人对自驾游的抵触情绪相当大。这固然与近月来的连串事件有关，但是他们技术层面的担心不无道理。既然失去了顺势而为的可能，为何不能放一下以后再议呢？凡事缓则圆。

假如时机成熟要推粤港自驾游，有人建议试行粤港租车自驾游。在口岸地区设立租车点和停车场。无论是香港人开私家车过广东还是广东人开车进香港，除了事先须办理妥当一应手续之外，到这个车场停下自己的汽车，换开租来的符合进入地要求的汽车。这是一个看起来很美的建议，其实换了车换不了驾驶习惯，更换不了路和驾驶文化。充其量这只是一个可以解决其中一个问题的方案。

由于地理气候、生活习俗相同，广东人和香港人的思维和行为方式也有很多相似的地方。多一事不如少一事不知道是不是其中之一？我简单地说一句：粤港自驾游，先不急着搞。无论是从技术层面还是民意层面看，这个计划都是一个未经深思熟虑的构思，不能锦上添花，反是红袖添乱。还是算了吧。

（2012年2月20日）

粤剧的嚼头

今天“早茶”咀嚼一个煮不烂的牛筋似的老话题：粤剧式微。港媒报道说，有“香港粤剧殿堂”美誉的新光戏院将于本月底约满结业，该戏院上周六晚公演最后一场粤剧剧目《帝女花》，连同未来数日的剧目，全部门票售罄。无论是香港市民还是内地游客对此都非常惋惜，香港工联会11日下午到戏院外收集签名，发起一人一信活动，要求政府介入，保留新光戏院，改作综合表演场地。

这让我想起广州粤曲茶楼难以为继等旧闻。其实不单是香港、广州，整个中国都一样，近一二十年，城市的老街区和旧建筑被逐渐拆除，戏曲书法等传统艺术日渐式微，不是风光不再就是买少见少，甚至濒临灭绝。闻者心痛，却爱莫能助。

以前村里城里有什么大事，最隆重的就莫过于做一场大戏。大人小孩逢年过节，最重要的节目之一也是看场大戏。这样的时代其实就算我这个上世纪50年代生的人也没有见过。只是听说。可以说，式微不是从改革开放这三十多年开始，这个过程一直都在行进，只是有时缓慢得令人感受不到，有时候剧烈得让人接受不了。现在的情况是剧烈得让人接受不了。

但凡有此类文化死亡的发生，无论什么社会制度，人们毫不例外地都想到向政府呼吁。但是政府又能够做什么呢？财政拨出专款给戏院付铺租？开办传统艺术讲座？我想，其实政府可以做的的确不多，而更加严重的问题是，假如政府拨款保留某家戏院，阁下会去看戏吗？阁下去，则戏院不会倒闭，用不着政府拨款，假如阁下不再愿意去戏院睇大戏，那么政府拨款供养着一个空荡荡的剧场，虽然是挂着文化保护的招牌，又有什么意思呢？

同理可证，大家都在感慨现代人不会揸笔，写出来的汉字跟蟑螂一样，但是今时今日谁人又愿意放弃键盘鼠标打印机，重回手写的时代呢？只好让书法逐渐停留在艺术的小圈圈里，让书法成为书法家的事情。

这是一个很重要的启示。不管是民众还是政府，都可以想方设法让传统文化继续活在艺术圈里，而不是不切实际地追求当年如日中天的时光，让传统艺术兴旺在大众百姓的追捧中。不但粤曲粤剧，汉剧、潮剧、采茶戏、正字戏……都应该活在艺术里。不要把剧团推到市场经济的风口浪尖让它们去死，而是小心翼翼地把它们保育在艺术的襁褓中，这才是我们可以做的事情。这样一来，政府的责任才是不可回避的。不管是我们的大中国还是每一个小地方，都应该有自己的艺术博物馆和戏曲博物馆。我非常期待，再过若干年，虽然戏院里没有大戏看了，但是我们的子孙后代，可以继续在各地的戏曲博物馆里欣赏到老祖宗精彩绝伦的戏曲艺术。

除了城里头的戏曲博物馆之外，由于经济发展的不平衡和文化生活的差异，广大的农村地区到现在为止还是一个天地广阔的传统戏曲的大舞台。只是好的剧团都集中在城里，让他们送戏下乡除了艰苦之外，还赚不了几个钱。这至少说明了政府撒手把传统剧团推向市场，是重大的文化政策错误。无数的老房子拆了就建不回去了。很多的传统艺术灭绝了也就无法复活了。道理大家都懂，但是拆的时候还是要自欺欺人。一个只追求功利不追求价值观的时代！

生于这个时代，说几句义愤填膺的话自然会赢来几下掌声几声叹息，但是哪怕是要做一点点帮得上忙的事情却又是难而又难。在文化保育方面能形成的共识实在太难太有限。就像一个家庭，总有人舍不得扔掉任何一件用不上的东西，也总有人念念有词：旧的不去，新的不来。甚至不由分说，把所有的旧东西一扔了之。

因此，我不看好传统戏曲的满血复活。可以期待的只是消亡的速度再慢一点。比如100年后还有人不用搜索引擎就可以明白什么是粤剧。

（2012年2月13日）

八卦有精神，娱乐大世界

与香港人喜欢在酒楼茶肆看八卦杂志不同，广州人在相同的地方一般忙于社交大声讲细声笑，看杂志的不多。在广州地铁里，也很少看到人捧着杂志。年轻人一般都是塞着耳机听歌，或者两眼无神四望，盼着赶紧到站可以从饼干变回人形。但这不妨碍娱乐八卦杂志占据街头报摊最醒目位置，甚至七仔店的书架，出风头的也是这些杂志。八卦，看来是无论省港，人同此心。

闲来无事，我胡思乱想了一下，为什么是八卦而不是七卦呢？为什么是八婆而不是九婆呢？娱乐新闻的八卦和我们传统文化中的八卦有什么关系呢？而八婆和八卦的关系又是什么？有一种说法，说粤人中有一种师奶凡事必问卦，而这种对生活忐忑不安的师奶又甚喜飞短流长，对别人的家事隐私爱打听爱传话，于是八卦便由风水之类的名词演变为形容词了，粤语中说某人很“八卦”、或者简化为很“八”，一直到现在还有这种说法。而八婆则是对八卦女人的蔑称，粤语中把女人称作“婆”多有类似意思，比如“垃圾婆”，当然，外婆除外，老婆也除外。所以我觉得应该是有名词的风水八卦在先，后有形容词的八婆八卦，然后再有娱乐八卦新闻，最后有八卦娱乐精神。不知道这是不是关于八卦的另一种解读，至少算是一种回忆吧。

娱乐八卦新闻大行其道其实不止于港人粤人，只要是神州人甚至地球人我看都一样，只要吃饱了饭，第二件事情一定是八卦。您去看看各个新闻网站的新闻排行，只要当天不地震没战争，又没有令人发指的腐败或罪恶，头几条一定与娱乐八卦有关。我亦问过年轻同事，为何如此热爱八卦新闻？回答说，大家在一起总要有共同话题，而共同话题若指向同事朋友家族则极容易引起对自身的伤害，因此共同话题一定要烧向大家都认识的人，于是各种娱乐明星就责

无旁贷了，而且关于大小娱乐明星的与性和情有关的传闻，一定是能大热的。是的，谁人人前不说人，谁人人后无人说。被人说，被人传，被人踩，被人捧，就是娱乐明星命运的一部分。也有看透风情的凡人，自己制造话题，制造被千夫所指的题材找骂找传最终成为明星，比如远有芙蓉姐姐，近有母女一起脱的那谁谁谁，我就不给她们扬名立万了。

话锋要转了，否则这篇“早茶”也充满了八卦精神了。八卦精神是什么？凡事包打听包传播包走样包没有真相。但是永远无关正义公理，最好不涉及政治社稷。半点边儿都不要沾，远远离开，越远越好。其实这也是八卦娱乐精神得以无脚走天下的真谛。翻开报纸杂志，打开电视电脑，人的一双眼睛总要看些什么，三五成群，Q群也好人群也好，总要传播些什么。正义公理很危险，政治社稷总让人很沉重很迷茫。看什么不是看，说什么不是说？不是沉在低层生活的人，永远搞不清楚他们所最不屑的低俗的八卦娱乐新闻，是一部多么庞大精密而有效的社会情绪稳定器。

想象一下，假如没有了娱乐八卦，世界会变成什么样？人人都在网上网下指点江山激扬文字粪土当年万户侯？那舆论导向就更加难弄了，网评员的预算要增加多少个亿？仅凭这一点，我也要振臂高呼：娱乐八卦精神万岁。

（2011年12月12日）

粤港电视鲇鱼效应

港媒报道说，香港明年将增加三家免费电视台，令电视行业风云变色。昔日独大的香港无线电视台（TVB）旗下高层、演员纷纷出走，垄断地位受到严重威胁。有专家分析指出，香港开放电视频道引入竞争，有助推动业界的改革和创新。

广州和珠江三角洲的“80后”“90后”，几乎是看着香港电视长大的，而对于“70后”“60后”“50后”中的绝大多数人来说，香港电视更是颠覆了他们之前的审美观、价值观和娱乐观。但显而易见，香港的两家免费电视台长期处于一强一弱的状态，行业竞争不足导致节目样式和内容的陈旧化和同质化，开放电视频道以期更加有效地竞争，推动香港电视业界的升级，造福香港电视观众，正当其时。

其实，香港电视业界的整体水准，一直是广州和珠江三角洲地区的电视从业人员的楷模和标杆，这是毫无异议的。从上世纪80年代的节目样式的直接copy，比如广东电视台红极一时的《万紫千红》充满了《欢乐今宵》的影子，到后来的大型节目制作项目合作，以及由项目合作带来的各种电视人才引进，虽然性质还算是临时聘用，但港式的节目策划、舞美、场面调度和镜头调度等，对广东电视业界的影响之深有目共睹。这也是造成广州和珠江三角洲地区的观众的欣赏能力与电视审美观与北方地区观众存在巨大差别的重要原因。然而，香港电视节目的创新能力日渐式微，广东这边的电视创新灵感也在日渐枯竭。

假如明年香港一下增加三家免费电视台，从理论上来说，这种裂变会在整体上给香港电视带来从节目形态到市场态势的巨大变化。对于本地观众来说，多一样选择当然是好事。但做电视不同于做“一铺过”的演唱会，指望增加了几家免费电视台就能够马上打破TVB长期在竞争强弱分明的态势中所形成的垄断优势，这倒未必能实现。因为电视台也好，电视节目也好，都需要时间来形成品牌，形成收视惯性——而在某种意义上来说，收视惯性是极难超越的东西。

我是从心里面欣赏香港广管局的这个决策的。打破TVB的垄断不是目的，以鲇鱼效应激发香港电视节目创新，强壮香港电视文化，造福香港电视观众才是根本的追求。新的电视台需要空间尤其需要时间来成长，而老的电视霸主TVB一定也会因应新的形势奋发图强，最后得益的一定是香港的电视观众。如果广州和珠三角地区能够收看到香港新增加的三家免费电视台的节目，那就更是个大团圆的结果了。

做电视台不同于卖电视机，因为有行政准入的门槛，完全由市场决定的自由竞争实际上是不存在的。通过政策调控来营造公平健康的业界竞争生态才是政府要认真做好的事情。剩下的事情就是电视台自己怎么活的问题了。不管怎么活，逻辑上的答案都是优胜劣汰强者胜。

反观内地电视台真是无限唏嘘。说实话，做广播电视这么几十年我真的不明白开设电台电视台的频道的根据是什么，虽然也有很严格的审批程序。打开电视机的机顶盒，免费频道几乎上百，打开收音机的电子扫描，电台信号也有几十个上百个，但能够让人粘住的频道有几多？往往观众听众收看收听的难题不是好中选哪一个，而是不好之中选哪一个，要矮子里面挑将军，而难题中的难题是，矮子的样子个个长得差不多——节目同质化严重——真的不知道谁可以当将军。

希望香港的这次三大免费电视台出山所引发的鲇鱼效应，顺带也可以给广东电视业界的创新发展带来新的灵感。

（2011年12月5日）

茶餐厅的味道

一说起粤港两地的本土饮食文化，人们马上会想起喝早茶啊、一盅两件啊，或者就是粤菜“食在广州，厨出凤城”，等等。也许不会有太多的人会想到源出香港现在粤港两地遍地开花的茶餐厅，正是香港人对本地饮食文化的最新贡献。

据说，茶餐厅在香港的诞生还与西人“饮西茶”有关。西方人喜欢喝咖啡，也有下午茶，香港人一律称之为“饮西茶”——可见香港人骨子里管他什么殖民地宗主国，看世界永远是有骨气以自我为中心的。香港早期西餐厅只为西人而开，不招待华人，而港人也不愿与殖民者同室而坐，况且西餐厅贵到飞起，于是在香港华人开设的“茶餐厅”就应运而生了。

茶餐厅，比起酒楼饭馆的豪华繁琐要简单一些，但是比起街头巷尾的大排档小食店又要“企理”（工整清爽）得多。价格实惠，品种繁多，而且菜谱更新极快，无论是吃的喝的，中式的西式的，现在甚至是不管南方口味还是北方口味，全部实行拿来主义，有点名气的茶餐厅，菜单更新得就像电脑刷屏一样。长做长新，才能够长做长有。茶餐厅是香港人创新精神、灵活求变的生活态度的写真。

不管是香港人还是广州人，食嘢的标准很简单也很难迎合：平靓正，抵食夹大件。都市生活，脚步匆匆，打拼之余食饭是奢侈，两地民众往往流行说“咬两啖饭”，又要继续开工。挽一笼金丝鸟，哼两句粤曲小调，优哉游哉地在茶楼一坐就是半天，叹一盅两件，再与老友闲扯几个钟的天下大事四邻八卦，这样的场景根本就是黑白的粤语残片中才可以见到的。茶餐厅无论在香港还是广州，好的标准很简单，菜式繁多，上菜快捷，坐得舒服，价钱实惠。无论工间就餐还是工友小聚都是再适合不过的选择。

至于菜式方面，我看奶茶是任何一家茶餐厅的必备。人们评价某家茶餐厅的质量如何，首先评价的也必定是那杯奶茶。滑，有奶味，有茶味，听起来很抽象很平淡的标准，要讨好顾客并非易事，须知所有的人都在用奶茶来讨好顾客啊。

除了奶茶之外，各家茶餐厅的菜式品种就真是各村都有各村的高招了。菠萝油、蟹粉鱼饺、车仔档混酱肠、牛杂汤粉、牛腩粉面、咸柠七、双皮奶、姜撞奶、红豆冰、瑶柱白果陈肾粥、牛三星、白灼猪肝、鲜虾云吞、太子鲍鱼鸡捞饭、意粉、爱尔兰疯薯、焗意粉、广式拉肠、牛肉丸、牛筋丸、瑞典肉丸、冷水虾拼盘、金枪鱼、西南火鸡培根……求其列举几个茶餐厅的菜式就足以让人在口水长流之际，还感叹茶餐厅的文化包容力之惊人！本地的西方的传统的现代的真是兼收并蓄！

当今时代一谈到生存和发展，言必称创新，言必称活力。说创新与活力，讲与时俱进，港式茶餐厅谁与争锋？从殖民时代到现在的改革开放时代，茶餐厅不但依然在香港做到通街通巷，而且大举北伐，珠江三角洲自不用说，就是在北京、上海这样的超级大城市，也随处可见港式茶餐厅的踪影。不过说老实话，店面档次不见得差，味道就见仁见智了——我只是站在一个广州人的口味角度做如斯评说，其实港式茶餐厅之北伐，当然要发扬灵活多变、适应食客口味的一贯风格，去了北方就一定是北方口味，去了上海当然要迎合上海人的需求。变变变，一直变，不停地变，不求做大做强，只求做好，无意当中，茶餐厅，饮饮食食咁简单，已经给广府文化增添了新的诠释，增加了新的内涵。

套用一句名人名言，身为广州人，无论你在哪里都可以凭着茶餐厅熟悉的味道找到自己的家乡和家乡永远创新着的文化。

（2011年11月28日）

大珠三角精彩在后头

近日媒体纷纷报道，粤港澳三地政府开始就“共建优质生活圈”专项规划展开公众咨询。这是首个由三地政府共同参与编制的专项规划。在我看来，这条新闻引人注目的关键词有四个：大珠三角地区，城市，生活，优质。

珠江三角洲在地理上从来都是一体的，把珠江三角洲分割成一个个小块块的原本是纵横交错的河涌。随着密如蛛网的铁路、高速公路的建成，小小的珠江三角洲在地理上早就成为了中国土地上最有活力的一片土地。历史上的珠三角曾经是省港澳三足鼎立。省港澳加上毗邻香港新崛起的新城深圳，在各自的地盘上耸立着，再加上经济实力绝对可以向广州叫板的南海顺德中山东莞（番禺已经划归广州），小小的珠三角虽无诸侯割据，也无一统江湖，相反随着各城各地在各自的路上迅跑，一个个重大的历史发展机会也就此擦肩而过。现在三地政府联手规划珠江三角洲，可以说是一件翻开珠江三角洲历史新篇的大事，可喜可贺。

改革开放前，我们这边的民众过着贫困的生活，港澳同胞通过邮寄、携带等方式，用大罐小罐、大包小包的花生油奶粉糖果饼干的确良新旧衣服来接济我们，让我们度过了最艰难的日子。改革开放之初，香港老板蜂拥而至，在珠江三角洲开办了大大小小的工厂，大家都赚到了钱，珠江三角洲也从农业天堂变成了大大小小的开发区、工业区。到后来金融风暴，政府开放了香港澳门“自由行”，内地同胞蜂拥到香港澳门购物，势头比当年港澳同胞过来开厂买楼有过之而无不及。这一个个不乏喜剧色彩的历史场景，构成了一幅近半个世纪以来省港澳民间交往的“清明上河图”。重翻这幅“清明上河图”，我们不难发现，主题只是生存、救济、相互取暖。

30年前，市桥、大良、石岐、莞城等还只是一个个富庶的农业县城的名字，而现在已经成为一座座活力十足、能量巨大的新城，更不用说东莞的虎门、长安，顺德的北滘，南海的大沥，中山的小榄等镇。如果你愿意，根本就可以把它们看作是一个城市。真是不说不知道一说吓一跳，加上香港澳门广州深圳，这个小小珠三角的城市力量，要是统合起来该有多么大！

毫无疑问，近30年是珠三角发展最为迅猛的时期，用沧海桑田来形容都一点不过分。但是迅猛城市化的其中一个结果是钱多了，但是环境被破坏了，生活没那么舒适了。这个规划以优质生活为主题词，要建设绿色宜居城市群，这是珠三角发展史上一个惊人的然而是极其合理的转折点，也是珠三角发展的必然方向。回眸一看，珠三角已经走过了最惊天动地的发展历程，在三地政府参与编制的《规划》这一点睛之笔落下之前，现在珠三角还只是一头静静卧在珠江边的五彩醒狮。Never say never，精彩还在后头。

（2011年9月5日）

香港重游记

我有九年没去香港了，上周末重游了一次，几多感想。最大的不同是耳边听到的语言。以前去香港，通街通巷耳边听到的都是广东话，仿佛去了一个比广州还广州的地方，那时候的广州已经是广州话普通话同时使用的城市了，无论打的还是吃碗云吞面都要思量一下，对司机或者服务员开口第一句话该说什么。但一到香港，彼处虽非吾乡，却是乡音盈耳，仿佛回到童年，不禁有些感动。

而九年后重游香港，通街通巷听到的都是普通话。来自内地的游客好像鱼一样一群一群地游弋在最繁华的商业区，大包小包，大声讲细声笑，而香港的售货员见到衣着打扮稍微像内地客的也是有理无理开口先讲普通话，到我用广州话应答时才来个相逢一笑，改口说方言。

香港人做生意讲普通话真是好刻苦好努力。在一家电器店我见到一个店员正在用打满了结的舌头向一位内地中年男人讲解推销游戏机。天啊，“世嘉”两个字简直要了他半条命，他很努力很努力地发出“细家”的音，但是人家就是搞不明白，只听懂了他说的“细界名牌”。这位店员拿过纸笔，又是中文又是英文地写，磕磕巴巴口笔通用，终于“帝感其诚”，大手笔一买就是两部。香港是个商业社会，零售业好发达，谁有钱谁就是上帝。我从广州火车东站出来排队等的士的时候，前面一位满载而归的靓女正在大声讲电话：“我买了颗钻石，十几万！”哇哇，这样的顾客何止是看不见摸不着的上帝，简直就是人间的女皇！难怪在香港不用又开会又贴标语地推广普通话，其实这种情景在广州也可以看到，比如说海印电器城等地方，都一样，商业就是力量。

九年之后重游香港，最不觉有变化的是香港的生动。还是那样五颜六色的招牌海报，那样脚步匆匆地过马路的人群，那样守规矩的汽车摩托车，那样人

声喧哗的酒楼食肆，那样味道超卓的粤菜和粥粉面饭，那样灯火辉煌的维多利亚海港……这种生动超越了商业欲望，也超越了表面的繁华，是来自城市生命岩层深处的能量的不息释放，我很遗憾地说，这种生动正是一日千里地发展着的广州所缺乏的。

这次去香港我只停留了一天一夜，印象最深刻的是这样的一个场景：我在一家食店门口等位的时候，见到一位老得驼了背弯着腰、拄着拐杖的老太太，一位中年妇女搀扶着她。老太太颤颤巍巍一步一挪地走出食店走过大堂。刚刚晚饭毕的老太太一路很满足地微笑着，她还很仔细地描了眉，涂了口红，化了妆。如此热爱生活，这是何等高贵的城市精神！这并不是什么一家五六七八星级的豪华大酒店，只是一家粥粉面饭的楼上店而已。

生动的香港，生活的香港。广州和香港一样也是个搏杀的城市，但是少了几分生动，也少了几分生活的追求。广州一直标榜以创业宜居城市为目标，但是少了城市精神从内核到视觉的生动，到处都是整齐划一的装饰，少了对生活充满细节的追求，只有档次的攀比。就城市的年纪而言，广州城市的历史比香港要古老得多，但是就现代城市精神和城市生活方式而言，广州又无可避免地比香港要幼稚得多。

广州什么时候才能长大?

（2011年8月8日）

当港婚不再流行

港媒报道说，香港男女比例失衡越来越严重。据统计处刚出版的香港男女性别统计报告数据显示，香港男女比例由10年前的每1000名女性对956名男性，下跌至去年的每1000名女性对881名男性。不知道香港的男仔去了哪里？而相映成趣的是，2011年的数据表明中国内地男女比例达到120∶100，男多女少。看起来这个问题好办，香港的女仔上内地找老公就搞掂了。但是港媒同一条报道又说，随着人民币近年大幅升值，两地的婚姻负担亦随之增加。五六年前是港人北上消费，现时已经逆转，香港的旺区全是内地旅客。港男想北上娶老婆，但要背负照顾对方整个家族，因而却步，而港女嫁内地男士个案亦下跌。

男大当婚女大当嫁，这事情本是上帝的决定。因此地球上男女比例如果不是人为干预的因素，估计应该大抵相当。但是因为有各种各样的社会制度，有不同程度的经济文化落差，还有各种社会制度下的生活方式在不同发展阶段的差异，这个男女比例就时不时地这里那里地失调了，而跨地域跨境婚姻的问题也就变得起起伏伏复杂起来了。

上世纪七八十年代，香港男士回内地娶妻很常见。新婚夫妇去民政局登记时若工作人员见不是老夫少妻而是男女年岁相当，一定会表示惊讶并致以更加热烈的恭喜。那时候香港好搵食，内地人的月薪一百几十，再稍后也仅仅是几百元，而香港普通劳动者的月收入那时候都是以千为单位计了。虽说婚姻是爱情的逻辑结果，但是“有情饮水饱”对多数人来说还只是港产片的台词而不是现实的生活态度。经济状况好、年龄大一点就无所谓了，“嫁了我一个，幸福全家人”是内地相当多的两地婚姻家庭的选择。

所谓风水轮流转。香港可能因为金融危机的打击，搵食与上世纪七八十年

代比艰难一些了，而内地的经济奇迹则一直延续，加上人民币升值，之前香港揾钱内地使的好时光不再，反而内地揾钱香港使几过瘾。婚姻这事情，说就说是与爱情有关，后面那只拍板的手至少有一只还是经济。港男如今再北上娶妻尚且有种种不易，港女要北上嫁夫更加谈何容易！

不过婚姻大事讲到底都是个人的事情，政府和社会团体真的很难对男女比例失调插得上手帮得上忙。无论港人还是内地人，讲起婚姻大事无论成败一般都会用到两个字：随缘。缘这东西，不但是缘分还是机缘。无论内地的男多女少还是香港的女多男少，摊不上的始终都是少数。婚姻大事虽有经济之手在后面作怪，但主导的力量应该还是男女双方的感情。

好在如今的香港男女与内地男女要建立感情实在是容易多了。以前只许港人"回乡"，内地人的赴港之路几乎难走过蜀道。现在好了，有"自由行"了。而且无论是香港人去内地工作还是内地人赴港工作的机会，与十几二十年前相比都多了很多。一来二往，日久生情，爱情和婚姻还是充满希望的。上帝关上了一道门，一定会在暗地里打开一扇窗。

此外，有消息说内地的离婚率15年来上升了近3倍，广州的离婚率是35%。男多女少或男少女多又如何？也许假以时日，婚姻不再是人生的必选题。

（2011年8月1日）

香港人广州人

凤凰卫视著名记者、主持人闾丘露薇最近写了一篇文章，慨叹说一声“我是香港人”真不容易。闾丘露薇出生在上海，1992年大学毕业后移居香港，自称“花了超过10年的时间才融入香港”，可见作为一个“外地人”要融入本地之难。

广州估计也有几百万人正在面临着闾丘露薇式的困惑。我估计，全世界无论是哪个城市，只要有所谓外来人口或者移民问题，就有融入的问题。

闾丘露薇在文章中说：“香港并不是一个对移民包容的社会，甚至有的时候觉得很势利。如果不能够说一口纯正的广东话，往往会从对方的眼神中看到一丝轻蔑，或者是一种疏离。但是，同一时间，只要你算得上是香港上流社会的一员，或者是达官贵人，那么，即便是广东话依然带着乡音，都不再成为问题。当然，如果只会英文，却不会广东话，那更加不是问题。”这话有意思，其实也可以反着读，只要你算得上是上流社会的一员，或者是达官贵人，不管你说话有没有乡音都没有问题，根本就不存在融入不融入的问题。

1949年底，广州来了很多大军，这些当年的小伙子大姑娘现在都已经是老爷爷老婆婆了，他们在广州活了大半辈子，依然不会说广州话，照样活得很精彩，他们也不存在融入的问题。倒是他们的子女因为生于斯长于斯，说得一口流利的广州话，也成为了天生的广州人。融入与否，不取决于外来与本地，只取决于身处本土社会阶层中的强弱，当然也取决于岁月——再强大的外来者都挡不住自己的下一代的彻底本地化。假如一个人能够活两辈子的话，无论移民到哪个城市都不存在融入本土的问题了。

因为人只能够活一辈子，而短短的一辈子之中有人又不可避免地要“人挪

活”，所以才不得不面对这个尴尬的“融入”的问题。说穿了，融入问题只有对于从相对落后贫穷的欠发达地区向相对先进富裕的发达地区流动的人才是问题。一方面，人往高处走是顺理成章的事情；另一方面，低处往高处走心理上不可避免地有自卑感也是顺理成章的事情。若然对先进的膜拜和向往以及求生存求发展的欲望强大到可以战胜自卑感的时候，融入就不是问题，比如移民到了欧美国家，谁还有那闲心骂欧美人士不讲中国话光讲英语法语？为什么移民到了广州，广州话就被称作鸟语了呢？说到底只是外来者自卑感在逆境中被放大了而已。

自卑感实在并不是什么太坏的东西，尤其是在一个举目无亲的地方，不一定是因为强弱而自卑，有时候仅仅是因为寡众而自卑，因为孤单无助而自卑。当年我刚20岁被分配到客家地区教书，也曾因为自己不会讲客家话而自卑，同时也因为自己不会讲本地白话而自卑——哪怕当地白话与广州白话只有些微的差别，我都要很注意地不要说“喂猪”而改说“饩猪”。So what？融入的过程是有些尴尬和不愉快，但是自己最终成为收获者。

关键词是“融入”，而不是“侵入”“打入”，也不仅仅是中性的“进入”。融入者，春风化雨，润物无声，潜移默化……若阁下愿以弱者身份自居又抱有被“化”的愿望，融入只是迟早的事情，如果没有钦差大臣的命又以钦差大臣自居，那么，呵呵，融入的确很苦很艰难。

（2011年7月18日）

向心力，离心力

上周香港举办美食博览，展示林林总总的环球美食，而粤港美食同源的话题也颇受关注。广州（省城）、香港、澳门同在珠江三角洲，本土食风口味都差不多，所谓食在广州，也可以说食在香港，甚至食在澳门，这是就这三个城市的饮食风格的本源而言。事实上，沧海桑田，华洋混杂，口味变幻，直到如今，省港澳三城依然是美食天堂，只是各有各精彩。就像从一个始发站开出的途经三个不同城市的三趟列车，一路开行，一路上客，乘客不同，到了各自的终点站涌出的自然就是各自不相同的各色人等风情了。

严格地说，省港澳美食列车的始发站并非广州，而是南番顺珠江三角洲。尤其是顺德。有据可查的是“食在广州，厨出凤城”这句老话。凤城就是现在的顺德大良。毫无疑问的是，直到如今几乎每个顺德的家庭主妇都能做一手好菜。尽管想吃葡国大餐可以落澳门，想饮正宗的英式下午茶可以去香港，想吃粤菜可以在广州，但是所谓有传统无正宗，要吃到地道的粤菜风味，如今其实省港澳都不易，还是到南番顺去吧。省港澳的酒楼食肆要迎合五湖四海的食客口味，所谓地道的味道就只好在不断创新中慢慢被异化，粤菜的味道也只有在南番顺的民间饮食店才可能得到原汁原味的保留了。所以刁钻的食客去南番顺揾食，见到辉煌的大酒楼总是绕着走，要不辞劳苦地钻村入巷寻找那些不起眼的小店，行家说，最好是少于五围台规模的，才能吃到地道的好东西！

就像世界上有一样东西叫离心力、一样东西叫向心力一样，时代的车轮转得越是急速，就越是把人们对美食的追求抛向两个极端。有的人挖空心思去求新求变求最创新的最怪异的以前从来没有吃过的东西，而有的人也是挖空心思去寻找，只不过要找的是来自最原生状态的味道。还有一种可能就是这两种揾

食的方式往往会发生在同一个食客的身上。其实不单是吃，在其他的文化范畴这个现象也不新鲜，难怪有人固执地一说饮食，就要说饮食文化。

香港是国际化的大都市，澳门是国际化的小城市，广州号称要做国际化大都市但就现状而言是个不折不扣的大陆化大城市。这个现状决定了本是饮食同源口味一家亲的省港澳三地的风味，都在不由自主地飘向各自的方向。而所谓粤菜也就因而在三城经历着各自精彩不同的历史演绎。这个世界真是好，就在珠江三角洲这个方寸之地，哪怕要吃粤菜，也可以在省港澳三个城市吃出不同的风味。

由此看来，外来文化的进入和对本地文化的改造影响并不是一件十分洪水猛兽的事情。要找未来，就要不甘人后地前进前进，前进到最边缘，那里有我们不曾品尝过的新奇；要找历史，就要自甘寂寞地后退走远。原汁原味总在离我们身后不远的地方。

其实绝大部分的味道都是这样，慢慢演化不徐不急更不级端，让我们产生一种美丽的错觉：味道从来都是这样，将来也是这样。

（2011年8月15日）